Inhaltsangabe

A. Warensortiment zusammenstellen und Dienstleistungen anbieten 1

Situation zu den Fragen 1 - 5
Sie erhalten den Auftrag, sich mit dem Warensortiment zu befassen.

Frage 1: Was ist unter Sortiment zu verstehen?

Frage 2: Was ist unter dem Begriff Diversifikation zu verstehen?

Frage 3: Was ist der Unterschied zwischen einem breiten Sortiment und einem schmalen Sortiment? Nennen Sie je ein Beispiel.

Frage 4: Was ist unter einem Randsortiment zu verstehen?

Frage 5: Ordnen Sie entsprechend zu:

Beschreibung	Fachbegriff
1. Ein Großhändler besorgt Ware, die er nicht im Sortiment hat, bei einem Partner-Großhändler.	a) Sortimentsbereinigung
2. Nicht lukrative Güter werden aus dem Sortiment entfernt.	b) Sortimentserweiterung
3. Schwerpunkt der Produkte, die angeboten werden. Der Anteil am Umsatz ist hoch.	c) Sortimentstiefe
4. Abhängig von der Anzahl der verschiedenen Produkte innerhalb einer Warengruppe. Beispiel: Ein Schuhgeschäft mit vielen verschiedenen Modellen.	d) Sortimentskooperation
5. Bisher noch nicht geführte Waren werden ins Sortiment aufgenommen. Beispiel: Ein Baumarkt bietet auch Strandkörbe an.	e) Kernsortiment

Situation zu den Fragen 6 - 8
Der Textilien- und Bekleidungsgroßhändler „Nord Textil" möchte sein Sortiment um Babykleidung erweitern.

Frage 6: Der Geschäftsführer möchte zu diesem Zweck Marktforschung betreiben.
- Was ist Marktbeobachtung?
- Was ist Marktforschung?

Frage 7: Welche Gefahren können bei der Aufstellung einer Marktprognose entstehen?

Frage 8: Zusätzlich soll ein „Trading Up" eines Teiles des Sortiments durchführt werden. Was ist darunter zu verstehen?

Frage 9: Ergänzen Sie die Warenklassifikation anhand folgender Sortimentspyramide.

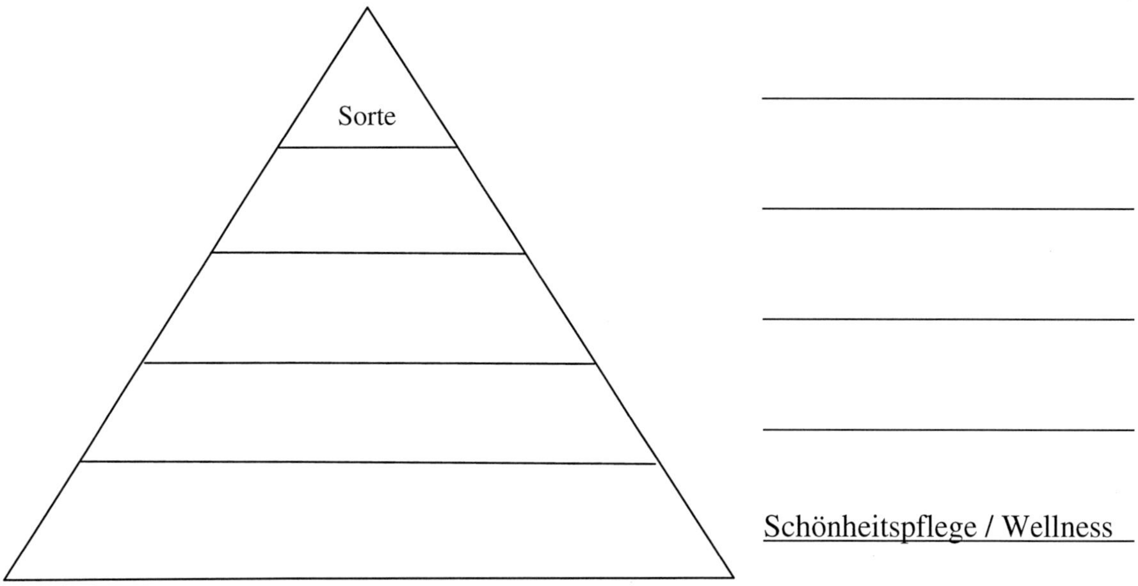

Situation zu den Fragen 10 - 13
Der Autozubehörgroßhändler Top Autoteile Möller überprüft sein Sortiment.

Frage 10: Der Großhändler möchte seinen Kunden auch Klappfahrräder anbieten. Wie wird diese Maßnahme genannt? 1 richtige Antwort

a) Sortimentsbereinigung
b) Sortimentserweiterung
c) Sortimentswegfall
d) Kernsortiment

Frage 11: Neben den Motorölen bekannter Hersteller sollen auch weitere Motoröle - zu einem günstigen Preis - angeboten werden. Wie wird diese Maßnahme genannt? 1 richtige Antwort

a) Saisonsortiment
b) Standardsortiment
c) Sortimentsdiversifikation
d) Sortimentsdifferenzierung

Frage 12: Der Autozubehörgroßhändler bietet seinen Kunden warenbezogene und kundenbezogene Dienstleistungen an. Welche der Angebote sind kundenbezogen? 2 richtige Antworten

a) Wartungsvertrag für Hebebühne
b) Günstige Lieferantenkredite
c) Reparaturservice für gelieferte Spezialmaschine
d) Kostenfreie Lieferung innerhalb von 24 Stunden

Frage 13: Wie werden Güter genannt, welche die Verwendung eines anderen Produktes voraussetzen, z. B. Auto und Benzin? 1 richtige Antwort

a) Konsumgüter
b) Subtitutionsgüter
c) Komplementärgüter
d) Investitionsgüter

Frage 14: Nennen Sie die 5 Phasen eines Produktlebenszyklus.

Frage 15: Beschreiben Sie die Phase „Sättigung" im Produktlebenszyklus.

Lösungen zu Fragenblock A

Frage 1: Als Sortiment werden die gesamten Waren und Dienstleistungen bezeichnet, die ein Handelsbetrieb anbietet. Das Sortiment sollte sich ständig den Bedürfnissen der Kunden anpassen.

Frage 2: Diversifikation ist eine Erweiterung des Sortiments. Es werden neue Waren oder Warengruppen in das Sortiment aufgenommen, die vorher noch nicht vertreten waren.

Frage 3:

Breites Sortiment:	Es werden viele Warengruppen angeboten. Beispiele: Kaufhaus, Supermarkt
Schmales Sortiment:	Es werden nur wenige Warengruppen angeboten. Beispiele: Uhrenfachgeschäft, Sportgeschäft

Frage 4: Der Anteil des Randsortiments am Umsatz ist gering. Diese Artikel gehören nicht zum „Kernsortiment", werden aber oft angeboten, um den Kunden einen zusätzlichen Service zu bieten.

Frage 5: 1d, 2a, 3e, 4c, 5b

Frage 6:

Marktbeobachtung ist das unsystematische Erfassen von Daten.
Marktforschung ist das systematische Gewinnen und Auswerten von Informationen.

Frage 7: Einflussfaktoren können falsch eingeschätzt werden. Die Prognose ist unsicher, da die Entwicklung in der Zukunft nur geschätzt werden kann. Somit besteht die Gefahr von Fehlinvestitionen.

Frage 8: Ein Trading Up ist eine qualitative Aufwertung des Sortiments zugunsten höherwertiger Waren. Dieses geschieht oft durch Aufnahme von Markenartikeln.

Frage 9:

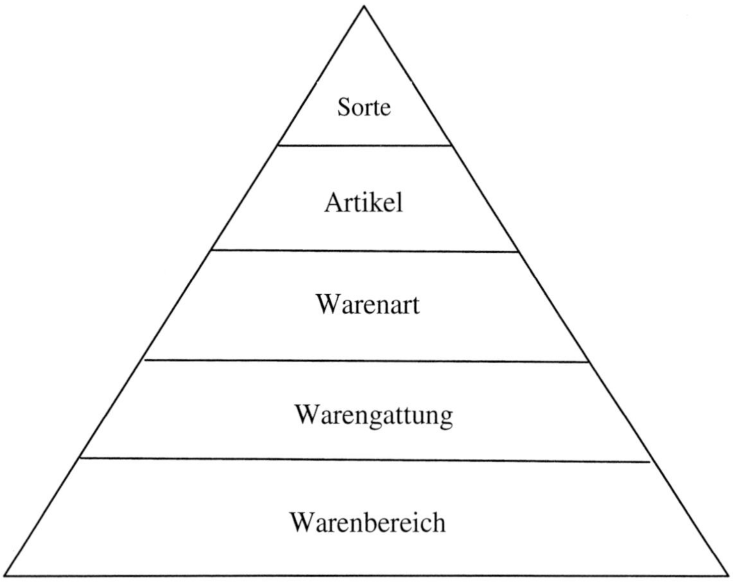

Duschschaum, Rosenduft, 500ml

Damen Duschgel von Beautyskin

Körperpflege

Körperhygiene

Schönheitspflege / Wellness

Frage 10: b

Frage 11: d

Frage 12: b, d

Frage 13: c

Frage 14:

I. Einführung	II. Wachstum	III. Reife	IV. Sättigung	V. Degeneration

Frage 15: Umsatz und Gewinn gehen zurück. Durch verschiedene Maßnahmen kann versucht werden, mehr Kunden zu gewinnen. Die Sättigungsphase endet, wenn die Umsatzerlöse die Deckungsbeitragsgrenze unterschreiten. Es wird dann kein Gewinn mehr erzielt.

B. Warensortiment zusammenstellen und Dienstleistungen anbieten 2

Frage 1: Welche Funktionen erfüllt die Verpackung von Waren?

Frage 2: Erklären Sie kurz Verkaufs-, Um- und Transportverpackung.

Frage 3: Der Verpackungsmüll bei Warenanlieferungen soll reduziert werden. Wie kann das erreicht werden? 2 richtige Antworten

a) Mehrwegverpackungen verwenden.
b) Pfandsysteme statt Einwegsysteme nutzen.
c) Rohstoffe und Hilfsstoffe in kleineren Gebinden beziehen.
d) Günstige Portionsverpackungen im Kundenbereich anbieten.

Frage 4: Welche Aussagen zur Rücknahme von Verpackungen stimmen? 2 richtige Antworten

a) Verkaufsverpackungen sind immer über das Duale System Deutschland (DSD) zu entsorgen.
b) Hersteller und Vertreiber müssen Transportverpackungen zurücknehmen.
c) Umverpackungen sind vor der Abgabe an den Endverbraucher zu entfernen oder dem Endverbraucher muss auf dem Verkaufsgelände die Möglichkeit zur Entsorgung bereitgestellt werden.
d) Umverpackungen brauchen nicht der Wiederverwertung zugeführt werden.

Situation zu den Fragen 5 - 7
Eine Großhandlung beschäftigt sich mit den gesetzlichen Grundlagen bezüglich der verwendeten Verpackungen.

Frage 5: Welche Zielsetzung hat das Kreislaufwirtschaftsgesetz?

Frage 6: Erklären Sie in dem Zusammenhang mit Verpackungen die Begriffe Vermeidung, Verwertung und Beseitigung.

Frage 7: Das Bruttogewicht einer Lieferung beträgt 1,004 Tonnen. Das Gewicht der Tara ist 5,5 % vom Nettogewicht. Wie hoch ist das Nettogewicht der Ware in kg?

Situation zu den Fragen 8 - 9
Der Gastronomiegroßhändler Nordfrisch erhält eine Lieferung von 20 Kisten Paprika. Eine Kiste Paprika wiegt brutto 5 kg und kostet 6,99 €. Die leere Kiste wiegt 450 g.

Frage 8: Wie teuer ist 1 kg Paprika netto?

Frage 9: Ermitteln Sie den Anteil der Verpackung in %.

Frage 10: Ordnen Sie entsprechend zu.

1. Fracht	
2. Zoll	a) Gewichtsspesen
3. Rollgeld	
4. Verladekosten	b) Wertspesen
5. Bankspesen	
6. Provision	

Frage 11: Welche Aussagen zum Brutto- und Nettogewicht sind richtig? 1 richtige Antwort

a) Bruttogewicht abzüglich Tara ergibt das Nettogewicht.
b) Bruttogewicht zuzüglich Tara ergibt das Nettogewicht.
c) Das Gesamtgewicht einer Lieferung wird auch als Nettogewicht bezeichnet.
d) Das Gesamtgewicht einer Lieferung wird auch als Tara bezeichnet.

Frage 12: Welche Auswirkungen hat eine zu große Lagerhaltung? 2 richtige Antworten

a) Es wird weniger Personal im Lager benötigt.
b) Verderbliche Waren können unbrauchbar werden.
c) Kapital wird gebunden.
d) Die Lagerhaltung wird übersichtlicher.

Frage 13: Ein Handelsbetrieb überlegt, das Lager zu vergrößern. Welche Vorteile würden dadurch entstehen? 2 richtige Antworten

a) Senkung der Personalkosten.
b) Reduzierung des gebundenen Kapitals.
c) Schnelle Verfügbarkeit der benötigten Ware.
d) Senkung der Anzahl von Lieferungen und der damit verbundenen Umweltbelastung.

Situation zu den Fragen 14 - 15
Jonas Sommer arbeitet im Lager mit einem Warenwirtschaftssystem.

Frage 14: Welche Ziele werden mit einem Warenwirtschaftssystem verfolgt?
3 richtige Antworten

a) Optimierung des Sortiments
b) Überwachung der Bestände
c) Optimierung der Einkommenssteuer
d) Überwachung der Lagerkosten

Frage 15: Welchen Vorteil hat der elektronische Datenaustausch (EDI)?
1 richtige Antwort

a) Datenschutzbestimmungen brauchen nicht eingehalten zu werden.
b) Verringerung der Lagerbestände
c) Erhöhung der Lagerbestände
d) Erhöhung der durchschnittlichen Lagerdauer

Lösungen zu Fragenblock B

Frage 1:

Schutzfunktion,	z. B. vor Beschädigungen oder Wettereinflüssen
Lagerfunktion,	z. B. durch Stapeln der Ware
Transportfunktion,	z. B. durch einfaches Entladen mit Gabelstapler
Verkaufsfunktion,	z. B. durch einfaches Verkaufen in der Verpackung
Werbefunktion,	z. B. durch Beschriftung mit Werbung

Frage 2:
Verkaufsverpackung: Sie schützt den Inhalt.

Umverpackung: Eine zusätzliche Verpackung, die z. B. die Lagerung erleichtert. Sie können vom Endverbraucher in der Verkaufsstelle zurückgegeben werden. Umverpackungen sind nicht zwingend notwendig.

Transportverpackung: Diese Verpackungsart schützt die Waren während des Transportes.

Frage 3: a, b

Frage 4: b, c

Frage 5: Zweck des Kreislaufwirtschaftsgesetzes ist:
✓ Förderung der Kreislaufwirtschaft.
✓ Schonung der natürlichen Ressourcen (Rohstoffe, Quellen).
✓ Sicherung der umweltverträglichen Beseitigung von Abfällen.

Frage 6:
Vermeidung: Produktion und Konsum sollen so gestaltet sein, dass möglichst wenig Verpackungsabfall anfällt.

Verwertung: Unvermeidbare Verpackungsabfälle müssen ordnungsgemäß verwertet werden.

Beseitigung: Nicht vermeidbare und nicht verwertbare Verpackungsabfälle müssen umweltverträglich beseitigt werden (z. B. durch Verbrennung).

Frage 7: 105,5 % = 1004 kg
100 % = X

$$X = \frac{1004\ \text{kg} \times 100\ \%}{105,5\ \%}$$

X = 951,659 kg

Frage 8: 5 kg brutto - 0,450 kg Tara = 4,550 kg netto

4,550 kg = 6,99 €
1,000 kg = x

$$X = \frac{6{,}99\ € \times 1{,}000\ kg}{4{,}550\ kg}$$

X = 1,54 €

Frage 9: 5,000 kg = 100 %
0,450 kg = x

$$X = \frac{100\ \% \times 0{,}450\ kg}{5{,}000\ kg}$$

X = 9 %

Frage 10: 1a, 2b, 3a, 4a, 5b, 6b

Frage 11: a

Frage 12: b, c

Frage 13: c, d

Frage 14: a, b, d

Frage 15: b

C. Einkauf von Waren und Dienstleistungen 1

Situation zu den Fragen 1 - 4
Die Einkaufskosten für eine Produktgruppe sind in der letzten Zeit stark gestiegen.

Frage 1: Wie können Sie Informationen über andere Lieferanten bekommen? Unterscheiden Sie dabei zwischen internen und externen Informationsquellen.

Frage 2: Nennen Sie Kriterien zur Beurteilung der Informationsquellen.

Frage 3: Was bedeutet der Vermerk „freibleibend" der Firma Müller GmbH auf einem Angebot?

Frage 4: Welche Bedeutung hat der Bestellzeitpunkt für den Einkauf?

Situation für die Fragen 5 - 8
Sie sind bei der Junge Großhandel AG für die Beschaffungslogistik zuständig. Es ist im Gespräch „Just in time / Just in sequence Verfahren" einzuführen.

Frage 5: Was unterscheidet beide Verfahren voneinander?

Frage 6: Nennen Sie drei gemeinsame Vor- und Nachteile dieser beiden Verfahren.

Frage 7: Berechnen Sie die optimale Bestellmenge, wenn folgende Daten zur Verfügung stehen:

- Jahresbedarf: 25000 Stück
- Lagerhaltungskosten: 15 %
- Kosten pro Bestellung: 75,00 €
- Kaufpreis: 4,50 €

Frage 8: Wie würde sich eine Erhöhung der Kosten pro Bestellung auf die optimale Bestellmenge auswirken?

Frage 9: Ordnen Sie die Aussagen und Formeln entsprechend zu.

1. Die Bestellung erfolgt zu bestimmten, vorher festgelegen Terminen.	a) Bestellzeitpunktverfahren
2. Täglicher Verbrauch x Lieferzeit + Mindestbestand =	b) Disposition
3. Die Bestellung erfolgt bei Erreichung des Meldebestandes.	c) Bestellrhythmusverfahren
4. Alle Tätigkeiten der Bedarfsplanung, Beschaffung, und Lagerhaltung.	d) Durchschnittlicher Lagerbestand
5. $\frac{\text{Anfangsbestand + 12 Monatsendbestände}}{13}$ =	e) Meldebestand

Situation zu den Fragen 10 - 12

Der Bäckereigroßhändler Semmel GmbH & Co. KG erhält eine Anfrage von der Bäckerei Sahne in Hannover. Es geht um den Kauf von 5 Regalwagen für Backbleche.

Frage 10: Ist die Anfrage rechtlich bindend? 1 richtige Antwort

a) Ja, die Anfrage ist rechtlich bindend.
b) Ja, die Anfrage ist rechtlich bindend, wenn Sie schriftlich gestellt wird.
c) Nein, eine Anfrage ist rechtlich unverbindlich.
d) Ja, da es sich in diesem Fall um Firmen im Sinne des HGB handelt.

Frage 11: Der Bäckereigroßhändler Semmel GmbH & Co. KG erstellt ein Angebot und schickt dieses per Briefpost zu. Ist dieses Angebot rechtlich bindend? Wenn ja, wie lange? 1 richtige Antwort

a) Nein, das Angebot ist rechtlich nicht bindend.
b) Ja, das Angebot ist bindend. Es ist so lange gültig, wie unter normalen Umständen eine Antwort zu erwarten ist (ca. 1 Woche).
c) Ja, das Angebot ist bindend. Es ist so lange gültig, wie unter normalen Umständen eine Antwort zu erwarten ist (ca. 6 Wochen).
d) Ja, das Angebot ist bindend. Eine zeitliche Befristung gibt es nicht.

Frage 12: Im Angebot des Großhändlers ist folgender Satz zu finden: „Die Ware bleibt bis zur vollständigen Bezahlung Eigentum des Verkäufers". Welche Auswirkung hat diese Klausel? 2 richtige Antworten

a) Der Verkäufer und der Käufer werden je zur Hälfte Eigentümer der Ware.
b) Der Verkäufer bleibt Besitzer der Ware, der Käufer wird nur Eigentümer.
c) Der Verkäufer bleibt Eigentümer der Ware, der Käufer lediglich Besitzer.
d) Wenn der Käufer seinen Zahlungsverpflichtungen nicht nachkommt, kann der Verkäufer die Herausgabe der Ware verlangen.

Frage 13: Vor dem Abschluss eines Kaufvertrages sollen mehrere Angebote qualitativ und quantitativ verglichen werden. Ordnen Sie die Kriterien entsprechend zu.

1. Preis	
2. Einhaltung der Liefertermine	a) quantitatives Bewertungskriterium
3. Rabatt und Skonto	
4. Umweltfreundlichkeit	b) qualitatives Bewertungskriterium
5. Beratung / Service	
6. Transportkosten	

Frage 14: Kann ein Angebot widerrufen werden? 1 richtige Antwort

a) Nein, ein Angebot ist rechtlich bindend und kann nicht widerrufen werden.
b) Ja, ein Angebot kann jederzeit widerrufen werden.
c) Ja, ein Angebot kann widerrufen werden. Der Widerruf muss spätestens gleichzeitig mit dem Angebot beim Empfänger eingehen.
d) Ja, ein Angebot kann widerrufen werden, wenn der Widerruf innerhalb von 3 Tagen nach Eingang des Angebotes erfolgt.

Frage 15: Wir erhalten ein neues Angebot. Der Preis für ein Ersatzteil wurde von 68,00 € auf 54,40 € herabgesetzt. Wie hoch ist die Preissenkung in Prozent?

Lösungen zu Fragenblock C

Frage 1:

Interne Informationsquellen	Externe Informationsquellen
Lieferantenkartei / Artikelkartei	Elektronische Marktplätze
Außendienstberichte	Internetrecherche mit Suchmaschinen
Recherche in vorliegenden Dokumenten (z. B. Rechnungen, Bestellungen, Listen)	Online-Datenbanken externer Anbieter
	Lieferantenbesuche und -befragung
Recherche im firmeninternen Intranet	Messebesuche und Informationsreisen
	Fachzeitungen und Fachzeitschriften

Frage 2:

Aktualität	Objektivität	Verfügbarkeit
Urheberrecht	Sachliche Richtigkeit	Datenschutz

Frage 3: Mit dieser Freizeichnungsklausel schließt die Firma Müller GmbH eine rechtliche Bindung an das Angebot aus.

Frage 4: Der Bestellzeitpunkt hat eine große Bedeutung. Zu berücksichtigen sind z. B. Preiserhöhungen, Sonderangebote, Änderungen bei den Konditionen.
- Beschaffung zu früh: Es entstehen zusätzliche Lagerkosten.
- Beschaffung zu spät: Es entstehen Fehlmengenkosten, z. B. durch entgangenen Gewinn.

Frage 5: Zusätzlich zur zeitgenauen Anlieferung (JIT) wird bei JIS auch sequenzgerecht geliefert, das heißt in exakt der Reihenfolge, in welcher Teile oder Baugruppen schließlich in der Montage beim Kunden verbaut werden.

Frage 6:

Vorteile	Nachteile
Kostensenkung (Personal-, Verwaltungs- und Lagerkosten)	Abhängigkeit vom Zulieferungsunternehmen
Risiko der Güter liegt bei den Lieferanten.	Umweltbelastung durch Transportwege
Kosteneinsparung durch Bestellung großer Mengen	Kosten durch Vernetzung des Unternehmens
Erhöhte Liquidität (wenig Kapital wird durch Lager gebunden)	Langfristige Bindung an Lieferanten

Frage 7: Optimale Bestellmenge

$$\sqrt{\frac{200 \times \text{Jahresbedarf} \times \text{Bestellkosten}}{\text{Einstandspreis} \times \text{Lagerhaltungskostensatz}}}$$

$$\sqrt{\frac{200 \times 25000 \text{ Stück} \times 75{,}00 \text{ €}}{4{,}50 \text{ €} \times 15 \%}} = 2357{,}0225 = \mathbf{2357\ Stück}$$

Frage 8: Die optimale Bestellmenge würde sich erhöhen.

Frage 9: 1c, 2e, 3a, 4b, 5d

Frage 10: c

Frage 11: b

Frage 12: c, d

Frage 13: 1a, 2b, 3a, 4b, 5b, 6a

Frage 14: c

Frage 15: 68,00 € = 100 %
13,60 € = X

$$X = \frac{100 \% \times 13{,}60 \text{ €}}{68{,}00 \text{ €}} \qquad X = \mathbf{20\ \%}$$

D. Einkauf von Waren und Dienstleistungen 2

Situation zu den Fragen 1 - 3
Zum März werden 120 Fußmatten benötigt. Folgende Schritte wurden dazu getätigt:

15.01.: Anfrage an den Lieferanten Top Matten GmbH über 120 Fußmatten per E-Mail. Die Lieferung soll spätestens zum 15.02. erfolgen.
20.01.: Das Angebot der Top Matten GmbH über 100 Fußmatten mit Lieferdatum zum 15.02. trifft per E-Mail ein.
27.01.: Bestellung von 100 Fußmatten per Fax.
16.02.: Die Lieferung ist noch nicht eingetroffen.
17.02.: Anruf bei der Top Matten GmbH und Nachfrage, wo die Lieferung bleibt.

Frage 1: Wann ist der Kaufvertrag zustande gekommen?
Tragen Sie das Datum in das Kästchen ein.

Frage 2: Wie lange ist das Angebot per E-Mail vom 20.01. der Top Matten GmbH gültig?

a) Es gilt nur am gleichen Tag
b) 2 Tage
c) 1 Woche
d) 1 Monat

Frage 3: Wann gerät die Top Matten GmbH in Verzug?
Tragen Sie das Datum in das Kästchen ein.

Situation zu den Fragen 4 - 7
Sie sind bei der Blechle Großhandel GmbH für den Bürobedarf zuständig und bitten per E-Mail bei der Firma Hallmer Bürobedarf GmbH um ein Angebot für Druckerpatronen vom Typ Danba Inky 207.

Frage 4: Welche Aussage ist richtig? 1 richtige Antwort

a) Es handelt sich einen unbestimmten Antrag.
b) Es handelt sich um eine unbestimmte Anfrage.
c) Es handelt sich um einen bestimmten Antrag.
d) Es handelt sich um eine bestimmte Anfrage.

Frage 5: Welche Aussagen zu bestimmten und unbestimmten Anfragen sind richtig?
2 richtige Antworten

a) Eine unbestimmte Anfrage soll oft einen Marktüberblick verschaffen.
b) Bei einer bestimmten Anfrage verpflichtet sich der Anfragende bei entsprechender Lieferfähigkeit zum Kauf.
c) Auf eine bestimmte Anfrage erfolgt meist ein detailliertes Angebot.
d) An eine unbestimmte Anfrage ist der Anfragende vier Tage gebunden. Die Frist verlängert sich bei bestimmten Anfragen auf eine Woche.

Frage 6: Sie erhalten von der Firma Hallmer Bürobedarf GmbH ein Angebot für die Druckerpatronen. Die Patrone kostet 4,50 € netto. Ab 10 Patronen erhalten Sie einen Rabatt von 15 %. Bei Zahlung innerhalb von 7 Tagen wird Ihnen 3 % Skonto gewährt.

Wie teuer ist eine Patrone, wenn Sie 8 Stück bestellen und nach 30 Tagen die Rechnung bezahlen?

Frage 7: Wie teuer ist eine Druckerpatrone, wenn Sie 15 Stück bestellen und innerhalb von 7 Tagen die Rechnung zahlen?

Frage 8: Sie erhalten folgendes Angebot für Kopierpapier:
4 Kartons mit je 10 Pack Inhalt
Listeneinkaufspreis netto je Karton: 42,00 €
Rabatt: 30 %
Skonto bei Zahlung innerhalb von 14 Tagen: 3 %
Fracht: 4,50 € pro Karton
Wie hoch ist der Bezugspreis pro Pack Kopierpapier?

Frage 9: Welche Aussagen zum Gerichtsstand sind richtig? 2 richtige Antworten

a) Mit dem Gerichtsstand wird festgelegt, an welchem Ort Rechtsstreitigkeiten verhandelt werden.
b) Der Gerichtsstand ist immer der Firmensitz des Verkäufers.
c) Der gesetzliche Gerichtstand ist der Gerichtssitz, in dessen Bezirk der Kläger seinen Wohnsitz hat.
d) Der gesetzliche Gerichtstand ist der Gerichtssitz, in dessen Bezirk der Beklagte seinen Wohnsitz hat.

Frage 10: Was ist unter „Allgemeine Geschäftsbedingungen“ (AGB) zu verstehen? 1 richtige Antwort

a) Es sind vorformulierte Vertragsbedingungen, die eine Vertragspartei der anderen Vertragspartei (dem Vertragspartner) bei Abschluss eines Vertrages stellt.
b) In den AGB werden die Gewährleistungsansprüche ausgeschlossen.
c) Die AGB brauchen von Privatpersonen nicht beachtet zu werden. Sie regeln Rechtgeschäfte unter Kaufleuten.
d) In den AGB werden gesetzliche Rechte von Verbrauchern ausgeschlossen.

Situation zu den Fragen 11 - 15
Inga Mikolamutz arbeitet in der Einkaufsabteilung des Möbelgroßhändlers Schellmers GmbH & Co. KG. Dort soll sie die Einkaufsleitung bei der Erstellung einer Ausschreibung unterstützen.

Frage 11: Was ist generell unter einer Ausschreibung zu verstehen?

Frage 12: Wo werden Ausschreibungen veröffentlicht?

Frage 13: Was ist der Unterschied zwischen einer offenen Ausschreibung und einer beschränkten Ausschreibung?

Frage 14: Nennen Sie 7 Angaben, die in einer Ausschreibung enthalten sein sollten.

Frage 15: Die Einkaufsabteilung entscheidet sich für ein Angebot der Firma Sonoton Stühle über die ausgeschriebenen 1200 stapelbaren Konferenzstühle zu einem Preis von 25,85 € das Stück. Da ein Kunde des Möbelgroßhändlers eine Bestellung storniert hat, werden statt 1200 Stühle nur 850 Stühle bestellt. Wie ist die Rechtslage?

Lösungen zu Fragenblock D

Frage 1: 27.01.

Frage 2: b

Frage 3: 16.02.

Frage 4: d

Frage 5: a, c

Frage 6: 4,50 €

Frage 7:

	4,50 €
- 15 % Rabatt	0,68 €
	3,82 €
- 3 % Skonto	0,11 €
Preis pro Patrone	**3,71 €**

(Die Zwischenergebnisse wurden gerundet).

Frage 8:

Listeneinkaufspreis	168,00 €
- 30 % Lieferantenrabatt	50,40 €
Zieleinkaufspreis	117,60 €
- 3 % Lieferantenskonto	3,53 €
Bareinkaufspreis	114,07 €
+ Fracht	18,00 €
Bezugspreis	132,07 €

132,07 € : 40 Pack = **3,30 €**

Frage 9: a, d

Frage 10: a

Frage 11: Eine Ausschreibung ist die öffentliche oder eingeschränkte, schriftliche Aufforderung, Angebote für die in der Ausschreibung genannten Lieferungen oder Leistungen abzugeben.

Frage 12: Ausschreibungen werden in Amtsblättern, Zeitungen, Branchenzeitschriften, Fachzeitschriften und zunehmend online über spezielle Vergabeplattformen veröffentlicht.

Frage 13: Eine offene Ausschreibung steht allen Anbietern offen. Bei der beschränkten Ausschreibung wird die Anzahl der Bieter durch bestimmte Kriterien eingegrenzt.

Frage 14:

Inhalte einer Ausschreibung
Ausschreibungsgegenstand (mit genauer Beschreibung der ausgeschriebenen Artikel)
Möglichkeiten in der Ausführung (z. B. Farbe, Design)
Abgabetermin für das Angebot
Eventuelle Nachlässe (Rabatte)
Lieferzeit
Lieferbedingungen
Zahlungsbedingungen (Skonto)
Verpackung der Artikel
Zeitraum für die Gültigkeit des Angebots
Sicherheitsleistungen
Gerichtsstand / Erfüllungsort
…

Frage 15: Wird ein Angebot von der empfangenen Partei geändert, so kommt hierdurch kein Vertrag zustande. Es gilt als Ablehnung.

Die geänderte Annahme ist ein neues Angebot an die Firma, die das ursprüngliche Angebot unterbreitet hat.

E. Einkauf von Waren und Dienstleistungen 3

Situation zu den Fragen 1 - 3
Das Unternehmen Großhandel Milli GmbH hat seinen Sitz in Lübeck.
Sie erhalten per Post ein schriftliches Angebot der Firma Bürobedarf Müller GmbH & Co. KG mit Sitz in Hamburg für 6 neue Computermonitore.

Frage 1: Wie lange ist dieses Angebot gültig, wenn keine Frist genannt ist?

Frage 2: Wo ist der Erfüllungsort für die Lieferung, wenn dazu keine Angaben gemacht sind?

Frage 3: Was besagt der Begriff „Erfüllungsort" für Kaufleute?

Frage 4: Sie erhalten 2 Angebote, die vom Preis her fast gleich sind. Auch die Lieferungs- und Zahlungsbedingungen unterscheiden sich kaum. Nennen Sie 5 weitere Kriterien, die bei der Lieferantenauswahl zu berücksichtigen sind.

Frage 5: Ihnen liegt ein Angebot für 15 neue Regale vor:
Listeneinkaufspreis pro Regal: 208,00 €
Rabatt: 20 %
Skonto bei Zahlung innerhalb von 14 Tagen: 3 %
Fracht: 12,00 € pro Regal
Wie hoch ist der Bezugspreis pro Regal, wenn innerhalb von 7 Tagen gezahlt wird?

Situation zu den Fragen 6 - 7
Der Listeneinkaufspreis (ohne MwSt) für das E-Bike „Running 65T" beträgt 650,00 € bei Abnahme von 100 Stück. Vom Hersteller werden 15 % Rabatt und 2 % Skonto gewährt. Es fallen 1400,00 € Bezugskosten an. Es werden 100 E-Bikes bestellt.

Frage 6: Wie hoch ist der Bareinkaufspreis gesamt?

Frage 7: Wie hoch ist der Einstandspreis für ein Fahrrad?

Frage 8: Beschreiben Sie die Besonderheiten folgender Kaufvertragsarten.

Zweiseitiger Handelskauf	Kauf auf Abruf	Kommissionskauf	Kauf auf Probe

Frage 9: Ein Großhändler bestellt eine Ware entsprechend einer festgelegten Probe.
Wie wird dieser Vertrag genannt? 1 richtige Antwort

a) Fixkauf
b) Kauf auf Probe
c) Kauf nach Probe
d) Kauf zur Probe

Situation zu den Fragen 10 - 12
Nachfolgender Rechnung ist für Servicearbeiten bei einem Mitarbeiterfahrzeug eingetroffen.

Bohne Service GmbH

Bohne Service GmbH ⸰ Warmstr. 26 ⸰ 20018 Hamburg

Herrn
Roger Bremer
Musterstraße 007

20000 Hamburg

Ansprechpartner: Tiffy Bohne
Telefon: 040-112233-44
Fax: 040-112233-09
E-Mail: t.bohne@bohne.de
Internet: www.bohne.de

Datum: 10.05.20..

Servicearbeiten durchgeführt, Bremsen hinten erneuert
Rechnungsnummer: RB-5687287

Position / Artikel	Menge	Einzelpreis	Betrag in €	USt
1. Filter Innenraum LAD888 159040090019170016 Mahle Filter	1	21,90	21,90	19
2. Bremsflüssigkeit V9173008	1,000	8,60	8,60	19
3. Motoröl 5W30 Avia Dynetic LL V9176503	4,000	15,88	63,52	19
4. Ölfilter OC 977/1 15253433 Mahle	1	10,25	10,25	19
5. Bremsscheibe und Bremsbelege NBD52 V9173333	2	152,32	304,64	19
6. Arbeitswert Kl. 1 Allg. Instandsetzung V9171000 / 1 Aw = 1 Min	160	1,30	208,00	19

Netto: 616,91 €
19 % Umsatzsteuer: 117,22 €
Gesamtbetrag: 734,13 €

Zahlbar binnen 10 Tagen ab Rechnungsdatum mit 2% Skonto, ansonsten 30 Tage netto

...

Frage 10: Wie hoch ist der Überweisungsbetrag unter Ausnutzung der Skontoregelung?

Frage 11: Welche Aussagen zu den Zahlungsbedingungen sind richtig? 2 richtige Antworten

a) Die Skontofrist beginnt erst ab Eingang der Rechnung.
b) Die Bemessungsgrundlage für Skonto ist immer der Nettobetrag.
c) Bei Skonto handelt es sich um einen Preisnachlass (Belohnung) für eine schnelle Zahlung.
d) Die Rechnung ist innerhalb von 30 Tagen zu begleichen.

Frage 12: Es ist eine weitere Rechnung über den Betrag von 24.000,00 Euro eingegangen. Zahlungsbedingungen: Zahlbar sofort abzüglich 3 % Skonto oder in 30 Tagen netto Kasse. Um Skonto auszunutzen, muss ein Bankkredit zu einem Zinssatz von 10 % aufgenommen werden. Lohnt sich die Zahlung mit Skonto für den Betrieb?

Frage 13: Für eine neue Maschine zum Kaufpreis von 132.000,00 € wird kurzfristig ein Kontokorrentkredit für die Zeit vom 12.04. - 15.05. aufgenommen. Die Bank berechnet für diesen Kredit 7,5 % Zinsen. Wie viel Zinsen sind zu zahlen?

Frage 14: Uns wurde ein Lieferantendarlehen gewährt für den Zeitraum von 28.01. bis 04.04., für das wir 145,26 € Zinsen bei einem Zinssatz von 8 % gezahlt haben.
Wie hoch war das Darlehen?

Frage 15: Wir erhalten ein Angebot unserer Hausspedition für eine Transportleistung. Welcher Frachtbetrag (brutto) wird berechnet, wenn ein Nachlass von 10 % auf den Haustarif von 630,80 € (netto) vereinbart wurde?

Lösungen zu Fragenblock E

Frage 1: Das Angebot gilt so lange, wie unter normalen Umständen eine Antwort zu erwarten ist (ca. 1 Woche).

Frage 2: Der Erfüllungsort ist Hamburg (Warenschulden sind Holschulden).

Frage 3: Erfüllungsort ist der Ort, an dem der Schuldner seine Leistung erbringt.

Frage 4:

Qualität der Lieferung	Zuverlässigkeit	Garantieleistungen
Kulanz	Sales Promotion	„Ruf" des Lieferanten

Frage 5:

Listeneinkaufspreis	208,00 €
- 20 % Lieferantenrabatt	41,60 €
Zieleinkaufspreis	166,40 €
- 3 % Lieferantenskonto	4,99 €
Bareinkaufspreis	161,41 €
+ Bezugskosten	12,00 €
Bezugspreis	**173,41 € pro Regal**

Frage 6 und 7:

Listeneinkaufspreis	65.000,00 €
- 15 % Lieferantenrabatt	9.750.00 €
Zieleinkaufspreis	55.250,00 €
- 2 % Lieferantenskonto	1.105,00 €
Bareinkaufspreis	54.145,00 €
+ Bezugskosten	1.400,00 €
Bezugspreis / Einstandspreis	55.545,00 €

Der Bareinkaufspreis gesamt beträgt **54.145,00 €**.

Der Einstandspreis pro E-Bike beträgt **555,45 €**.

Frage 8:

Zweiseitiger Handelskauf:	Beide Parteien sind Kaufleute und der Kauf ein Handelsgeschäft.
Kauf auf Abruf:	Kauf einer größeren Menge, die in Teilmengen abgerufen wird.
Kommissionskauf:	Der Händler braucht seinen Lieferanten erst zu bezahlen, wenn er die Ware verkauft hat.
Kauf auf Probe:	Erst nach einer Probe wird über den Kauf entschieden.

Frage 9: c

Frage 10:

Rechnungsbetrag	734,13 €
- 2 % Skonto	14,68 €
= Überweisungsbetrag	**719,45 €**

Frage 11: c, d

Frage 12:

Rechnungsbetrag	24.000,00 €
- 3 % Skonto	720,00 €
= Betrag	23.280,00 €

$$\text{Zinsen} = \frac{\text{Kapital x Zinssatz x Tage}}{100 \text{ x } 360} = \frac{23.280{,}00 \text{ x } 10 \text{ x } 30}{100 \text{ x } 360} = 194{,}00\ €$$

Skontoertrag	720,00 €
- Kosten Bankkredit	194,00 €
= Gewinn	**526,00 €**

Die Zahlung mit Skonto lohnt sich. Es werden 526,00 € gespart.

Frage 13:

$$\text{Zinsen} = \frac{\text{Kapitel x Zinssatz x Tage}}{100 \text{ x } 360} = \frac{132.000{,}00\ € \text{ x } 7{,}5\ \% \text{ x } 33 \text{ Tage}}{100 \text{ x } 360} = \mathbf{907{,}50\ €}$$

Frage 14:

$$\text{Kapital} = \frac{\text{Zinsen x } 100 \text{ x } 360}{\text{Zinssatz x Tage}} = \frac{145{,}26\ € \text{ x } 100 \text{ x } 360}{8\ \% \text{ x } 66 \text{ Tage}} = \mathbf{9.904{,}09\ €}$$

Frage 15:

Haustarif	630,80 €
- 10 % Nachlass	63,08 €
Rechnungsbetrag netto	567,72 €
+ 19 % Umsatzsteuer	107,87 €
Rechnungsbetrag brutto	**675,59 €**

F. Einkauf von Waren und Dienstleistungen 4

Situation zu den Fragen 1 - 3
Die Nimetz Großhandel OHG mit 98 Mitarbeiter/-innen setzt vermehrt auf das Thema Nachhaltigkeit.

Frage 1: Was ist unter Nachhaltigkeit zu verstehen? 2 richtige Antworten

a) Nachhaltigkeit ist ein Handlungsprinzip zur Nutzung der Ressourcen.
b) Nachhaltigkeit bedeutet den Einsatz moderner Managementmethoden, um den Umsatz zu steigern.
c) Bei nachhaltigen Betrieben werden möglichst günstige Grundstoffe verwendet, um die Lohnbedingungen der Mitarbeiter/-innen zu verbessern.
d) Die natürlichen Regenerationsfähigkeiten der beteiligten Systeme (vor allem von Lebewesen und Ökosystemen) sollen gewährleistet werden.

Frage 2: Beurteilen Sie folgende Vorschläge.

1. Vermehrter Einkauf bei regionalen Zulieferern.	
2. Bezug von ausschließlich den günstigen Produkten für die Betriebskantine.	a) Nachhaltig
3. Vermehrter Einsatz von Mehrweggebinden.	
4. Kein Einkauf von Fair Trade Produkten.	b) Nicht nachhaltig
5. Solaranlage auf dem Dach zur eigenen Stromproduktion.	

Frage 3: In welcher Zeile sind nur erneuerbare Energien genannt? 1 richtige Antwort

a) Sonnenenergie, Steinkohle, Erdwärme
b) Biomasse, Erdwärme, Erdgas
c) Windenergie, Erdwärme, Wasserkraft
d) Erdöl, Wasserkraft, Uran

Frage 4:

Sie sehen an einem Produkt nebenstehendes Zeichen und fragen sich, was es damit auf sich hat.

Welche Aussagen sind richtig?
2 richtige Antworten

a) Der Blaue Engel steht für Produkte, die keine Schadstoffe enthalten.
b) Die so gekennzeichneten Produkte sind umweltfreundlicher als andere Produkte der jeweiligen Produktgruppe.
c) Der Blauer Engel ist ein Umweltzeichen.
d) Beim Blauen Engel handelt es sich um ein Entsorgungszeichen.

Frage 5: Erläutern Sie nachfolgende Begriffe:
- Supply-Chain-Management
- E-Procurement
- Efficient Consumer Response

Situation zu den Fragen 6 - 11
Sie sind beim Fahrradgroßhändler Sunbikes im Einkauf für das Ersatzteillager zuständig. Aus der Lagerbuchführung können Sie entnehmen:
- Durchschnittlicher Lagerbestand: 125.000,00 €
- Lagerzinsatz: 1,2 %

Frage 6: Wie hoch sind die Lagerzinsen?

Frage 7: Welche Aussage zum „Eisernen Bestand" ist richtig? 1 richtige Antwort

a) Der Eiserne Bestand wird auch als Mindestbestand bezeichnet.
b) Er bezeichnet die Umschlaghäufigkeit.
c) Er wird durch die Inventur festgestellt.
d) Der Eiserne Bestand bezeichnet den Meldebestand.

Frage 8: Ordnen Sie die Formeln richtig zu.

1. Höchstbestand	a) Mindestbestand + (Tagesverbrauch x Lieferzeit)
2. Meldebestand	b) Optimale Bestellmenge + Mindestbestand
3. Optimaler Lagerbestand	c) Mindestbestand + Bestellmenge

Frage 9: Von den Felgenbremsbelegen „Standard Plus" werden täglich 120 Stück verkauft. Der Mindestbestand soll zur Sicherheit 600 Stück betragen. Die Lieferzeit beträgt 8 Tage. Wie hoch ist der Meldebestand?

Frage 10: Welche Gründe würden zu einer Absenkung des Meldebestandes führen?

Frage 11: Der Verkauf von Felgenbremsbelegen ist starken Schwankungen unterworfen. Welches Bestellverfahren wäre somit geeignet?

Frage 12: Welches Bestellverfahren wird durch unterstehende Grafik angezeigt?

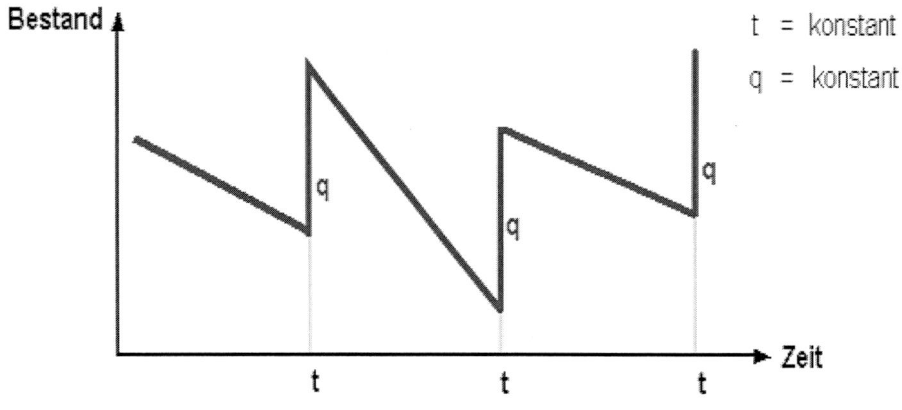

Frage 13: Welche Vorteile hat das Bestellrhythmusverfahren?

Situation zu den Fragen 14 - 15
Gülcan Yanuci ist für den Eingang und die Überprüfung von Auftragsbestätigungen zuständig.

Frage 14: Welche Aussagen zu einer Auftragsbestätigung treffen zu? 2 richtige Antworten

a) Eine Auftragsbestätigung dient zur Vermeidung von Missverständnissen.
b) Eine Auftragsbestätigung wird insbesondere dann erteilt, wenn ein vorangegangenes Angebot durch den Auftragnehmer abgeändert wurde.
c) Eine Auftragsbestätigung sollte - um unnötigen Aufwand zu vermeiden - mündlich erfolgen.
d) Wenn eine Auftragsbestätigung erteilt wird, ist sie rechtlich nicht bindend.

Frage 15: Nach einer Bestellung erhält Frau Yanuci eine Auftragsbestätigung. Dort bemerkt sie, dass bei der Bestellung ein Zahlendreher bei der Bestellmenge passiert ist. Wie ist die Rechtslage? 1 richtige Antwort

a) Die Bestellung ist wegen eines Übermittlungsirrtums nichtig.
b) Die Bestellung kann wegen eines Erklärungsirrtums angefochten werden.
c) Die Bestellung ist verbindlich.
d) Eine Bestellung ist erst nach Bestätigung der Auftragsbestätigung verbindlich.

Lösungen zu Fragenblock F

Frage 1: a, d

Frage 2: 1a, 2b, 3a, 4b, 5a

Frage 3: c

Frage 4: b, c

Frage 5:

Supply-Chain-Management: Bezeichnet die Planung und das Management aller Aufgaben bei Lieferantenwahl, Beschaffung und Umwandlung sowie aller Aufgaben der Logistik. Insbesondere enthält es die Koordinierung und Zusammenarbeit der beteiligten Partner (Wertschöpfungskette).
E-Procurement: Beschaffung von Gütern und Dienstleistungen unter Nutzung des Internets sowie anderer Informations- und Kommunikationssysteme.
Efficient Consumer Response (auch ECR-Konzept)**:** Initiative zur Zusammenarbeit zwischen Herstellern und Händlern, die auf Kostenreduktion und bessere Befriedigung von Konsumentenbedürfnissen abzielt.

Frage 6:

$$\text{Lagerzinsen} = \frac{\text{Durchschn. Lagerbestand x Lagerzinssatz}}{100\ \%} = \frac{125.000{,}00\ € \text{ x } 1{,}2\ \%}{100\ \%} = \mathbf{1.500{,}00\ €}$$

Frage 7: a

Frage 8: 1c, 2a, 3b

Frage 9:

Meldebestand = Mindestbestand + (Tagesverbrauch x Lieferzeit)

Meldebestand = 600 + (120 Stück x 8 Tage)

Der Meldebestand beträgt 1560 Stück.

Frage 10: Mögliche Gründe für die Absenkung des Meldebestandes wären:

✓ Absenkung des Mindestbestandes
✓ Verringerung des Tagesverbrauches
✓ Verkürzung der Lieferzeit

Frage 11: Für Güter mit ständigen Bedarfsschwankungen ist das Bestellpunktverfahren gut geeignet.

Für Güter mit konstanten Verkäufen oder sehr geringen Verkaufsschwankungen ist das Bestellrhythmusverfahren gut geeignet.

Frage 12: Die Grafik zeigt das Bestellrhythmusverfahren.

Frage 13:
✓ Niedriger Kontroll- und Planungsaufwand
✓ Sammelbestellungen werden vereinfacht und somit können Bestellkosten gespart werden.

Frage 14: a, b

Frage 15: b

G. Verkauf kundenorientiert planen und durchführen 1

Situation zu den Fragen 1 - 4
Der Fahrradgroßhändler Pedalo AG aus München erhält eine Anfrage von dem Fahrradfachgeschäft Top Bikes GmbH aus Hannover für 25 Kinder-Fahrräder.

Frage 1: Welche Arbeitsschritte erfolgen vor der Angebotserstellung?

Frage 2: Bei einem Neukunden soll eine Bonitätsprüfung erfolgen.
Was ist damit gemeint?

Frage 3: Nennen Sie 4 Möglichkeiten, die Bonität eines Neukunden zu prüfen.

Frage 4: Die Pedalo AG erstellt ein Angebot und schickt dieses per Briefpost zu.
Ist dieses Angebot rechtlich bindend? Wenn ja, wie lange?

Frage 5: Welche Aussagen zur Kreditwürdigkeit und Kreditfähigkeit sind richtig?
2 richtige Antworten

a) Unter Kreditfähigkeit versteht man die Fähigkeit einer natürlichen Person oder juristischen Person, rechtswirksam Kreditverträge abschließen zu können.
b) Natürliche Personen müssen mindestens 16 Jahre alt sein, um kreditfähig zu sein.
c) Kreditwürdig sind Personen und Unternehmen, von denen eine vertragsgemäße Erfüllung der Verpflichtungen und eine ordnungsgemäße Rückzahlung erwartet werden kann.
d) Die Kreditwürdigkeit kann dem Handelsregister entnommen werden.

Frage 6: Was wird bei der Lieferwilligkeit geprüft? 1 richtige Antwort

a) Es wird geprüft, ob genug Lagerbestand vorhanden ist.
b) Es wird geprüft, ob eine Lieferung zum gewünschten Termin möglich ist.
c) Es wird geprüft, ob durch den Auftrag ein Erfolg für das Unternehmen entsteht, z. B. durch einen Gewinn.
d) Es wird geprüft, ob Umweltstandards eingehalten werden.

Situation zu den Fragen 7 - 8
Sie werden beauftragt eine ABC-Analyse Ihrer Kunden durchzuführen.

Frage 7: Um die wichtigen Kunden herauszufinden, wird das Pareto Prinzip angewendet. Was besagt das Pareto Prinzip?

Frage 8: Erklären Sie kurz die verschiedenen Kundentypen nach der ABC-Analyse. Welche Bedeutung haben die A-Kunden?

Situation zu den Fragen 9 - 15
Innerhalb des letzten Jahres kam es vermehrt zu Computerproblemen. Sie sind damit beauftragt, Maßnahmen zur Datensicherheit und zum Datenschutz einzuleiten.

Frage 9: Nennen Sie 4 Maßnahmen, die zur Erhöhung der Datensicherheit beitragen.

Frage 10: Was ist eine Firewall?

Frage 11: Was ist ein Backup?

Frage 12: Ein großer Teil des E-Mail Verkehrs besteht aus Werbemails oder anderen nicht angeforderten Mitteilungen. Wie werden diese E-Mails genannt? Sollten Sie die Anlagen dieser E-Mails öffnen?

Frage 13: Welche Speichermedien eigenen sich für die Datensicherung kleinerer und größerer Datenmengen?

Frage 14: Was ist unter Datenpflege zu verstehen? Nennen Sie verschiedene Maßnahmen.

Frage 15: Es werden Stammdaten und Bewegungsdaten unterschieden. Welches der Daten sind Stammdaten? 2 richtige Antworten

a) Kundennummer
b) Rechnungsnummer
c) Lieferdatum
d) Firmenadresse

Lösungen zu Fragenblock G

Frage 1:

✓ Auswertung der Kundenhistorie (z. B. Zahlungsmoral?)
✓ Lieferfähigkeit prüfen (z. B. Sind die Fahrräder vorrätig oder können innerhalb der gewünschten Zeit produziert werden?).
✓ Bonität des Neukunden / Kunden prüfen.

Frage 2: Die Zahlungsfähigkeit (auch Zahlungswilligkeit) und die Kreditwürdigkeit des Kunden werden überprüft.

Frage 3:

- Schufa-Auskunft
- Wirtschaftsauskunfteien
- Bankauskunft bei der Hausbank
- Jahresabschluss bei Kapitalgesellschaften
- Selbstauskunft eines Neukunden

Frage 4: Ja, das Angebot ist bindend. Es ist so lange gültig, wie unter normalen Umständen eine Antwort zu erwarten ist (ca. 1 Woche).

Frage 5: a, c

Frage 6: c

Frage 7: 20 % der Kunden generieren 80 % vom Umsatz. Die verbleibenden 80 % der Kunden machen somit 20 % vom Umsatz aus. Das Pareto-Prinzip wird auch als 80/20 Regel bezeichnet.

Frage 8: Die Kunden werden in A, B und C Kunden eingeteilt.

A-Kunde: Wenige Kunden erzielen einen hohen Umsatzanteil, z. B. 20 % der Kunden sind für 80 % des Gesamtumsatzes verantwortlich.

B-Kunde: Eine Anzahl von Kunden erzielt einen mittleren Umsatz, z. B. 30 % der Kunden sind für 15 % des Gesamtumsatzes verantwortlich.

C-Kunde: Viele Kunden erzielen einen niedrigen Umsatzanteil, z. B. 50 % der Kunden sind für nur 5 % des Gesamtumsatzes verantwortlich.

Die A-Kunden haben einen hohen Umsatzanteil und sind somit besonders wichtig. Sie sollten deshalb besonders gut betreut werden, z. B. durch persönliche Ansprechpartner, zugeschnittene Preispolitik, Bonus-Programme, Werbegeschenke, … .

Frage 9:

✓ Verschlüsselung von Daten
✓ Verwendung von geeigneten Passwörtern
✓ Installierung einer Firewall
✓ Erstellung eines Virenschutzkonzeptes

Frage 10: Eine Firewall kann aus Hard- und Software bestehen und soll verhindern, dass Unberechtigte Zugriff (z. B. auf das Firmennetz) bekommen.

Frage 11: Es ist eine Sicherheitskopie der Originaldaten auf einem anderen Datenträger. Im Falle eines Datenverlustes können dadurch die Originaldaten wieder hergestellt werden.

Frage 12: Diese E-Mails werden auch Spam genannt. Die Anlagen sollten nicht geöffnet werden, da dort Computerviren enthalten sein könnten. Es sollte ein aktuelles Virenschutzprogramm installiert sein.

Frage 13:

Kleine Datenmengen: USB-Stick (auch gut für den Transport von Daten), DVD (auch gut zur Archivierung von Daten)

Große Datenmengen: Server (z. B. Back-Up Server), externe Festplatte, Cloud (Wichtig ist ein vertrauenswürdiger Partner.)

Frage 14: Unter Datenpflege ist das Überprüfen von Daten z. B. auf Fehler, Vollständigkeit und Aktualität zu verstehen. Nur so können auf Grundlage der Daten Mailings verschickt und richtige Entscheidungen getroffen werden.

Maßnahmen: Daten aktualisieren, fehlerhafte Daten entfernen, Daten-Doppelungen bereinigen.

Frage 15: a, d

H. Verkauf kundenorientiert planen und durchführen 2

Frage 1: Ordnen Sie die nachfolgenden Begriffe dem entsprechenden Bestandteil der Kalkulation zu.

1. Lagerkosten 2. Preisnachlass auf den Rechnungsbetrag bei Zahlung innerhalb einer bestimmten Frist. 3. Transportkosten zum eigenen Lager 4. Verwaltungskosten 5. Nachlass vom Listenpreis 6. Werbekosten 7. Zoll bei Import der Waren	a) Bezugskosten b) Handlungskosten c) Rabatt d) Skonto

Frage 2: Was ist eine Frankogrenze?

Frage 3: Eine Kollegin kauft ein Produkt im Wert von 95,00 €. Sie erhält einen Personalrabatt von 8 %. Wieviel € muss die Kollegin bezahlen?

Frage 4: Der Bezugspreis einer Ware ist 32,00 €. Wie hoch ist der Bruttoverkaufspreis inkl. 19 % USt.? Rechnen Sie mit 35 % Handlungskosten und 12 % Gewinn.

Frage 5: Der Wäschegroßhändler Nordtuch AG beauftragt die Spedition Komforttrans GmbH mit dem Transport von 2 Paletten à 412 kg und 2 Gitterboxen à 306 kg nach Köln. Auf den Haus-zu-Haus Tarif von 460,50 € werden 15 % Stammkundenrabatt gewährt. Für den Palettentausch werden pro Palette berechnet: Flachpaletten: 3,20 € / Gitterboxpalette: 9,85 €

Ermitteln Sie den Rechnungsbetrag inkl. Umsatzsteuer.

Frage 6: Der Firma Horn Großhandel AG möchte zur Erweiterung ihrer Lagerkapazitäten das Nachbargrundstück erwerben. Das Grundstück ist 36 m breit und 42 m lang. Der Preis pro m^2 beträgt 48,50 €. Wie hoch ist der Kaufpreis?

Frage 7: Was ist unter einem „Mindermengenzuschlag“ zu verstehen?

Frage 8: Unterscheiden Sie Spediteur und Frachtführer beim Versenden von Gütern.

Frage 9: Welche Aufgaben hat der Lieferschein?

Situation zu den Fragen 10 - 12
Sie verkaufen einem Kunden Waren zum Preis von 880,00 € inkl. Umsatzsteuer. Der Kunde erhält eine ordnungsgemäße Rechnung.

Frage 10: Welche Angaben müssen auf der Rechnung vorhanden sein? Ordnen Sie entsprechend zu.

1. Name und Anschrift des Käufers	
2. Name und Anschrift des Verkäufers	
3. E-Mail oder Internetadresse	a) Pflichtangaben
4. Dank für den Kauf	
5. Steuernummer oder Umsatzsteuer-Identifikationsnummer des Verkäufers	b) Keine Pflichtangabe
6. Unterschrift des Verkäufers / Unternehmers	
7. Stempel des Unternehmens	
8. Menge und Bezeichnung des Produktes oder Art der Dienstleistung	

Frage 11: Ab wann muss die Umsatzsteuer als Euro Betrag ausgewiesen werden und nicht nur mit dem Prozentsatz? 1 richtige Antwort

a) Ab 100 €
b) Ab 200 €
c) Ab 250 €
d) Ab 500 €

Frage 12: Wie hoch ist in diesem Fall die Umsatzsteuer (19 %) in €?

Situation zu den Fragen 13 - 15
Sie sind bei der Monomel Großhandel AG in der Versandabteilung und im Auslieferungslager eingesetzt.

Frage 13: Welches sind die Merkmale der „parallelen Kommissioniertechnik“?

Frage 14: Ordnen Sie die Beschreibung dem entsprechenden Arbeitsmittel zu.

1. Erstellung von Barcodes, die auf Packmittel geklebt werden.	a) Umreifungsgerät
2. Lesegerät für barcodierte Datenträger wie Etiketten	b) Werkzeuge
3. Zur Sicherung der Ladung von Paletten	c) Etikettiergerät
4. Mittels heißer Luft wird Folie geschrumpft.	d) Klebestreifengeber
5. Hammer, Zange, Schraubendreher	e) Scanner
6. Verarbeitung von Selbstklebebändern und Nasskleberollen	f) Handschrumpfgerät

Frage 15: Welche Zuordnung ist <u>falsch</u>? 1 richtige Antwort

a) Packgut - Produkt, das verpackt wird.
b) Packstück - Material, aus dem die Verpackung besteht.
c) Packmittel - Komponente, die den Hauptanteil der Verpackung darstellt, z. B. Karton.
d) Packhilfsmittel - Material, um das Packgut zu gestalten und zu verschließen.

Lösungen zu Fragenblock H

Frage 1: 1b, 2d, 3a, 4b, 5c, 6b, 7a

Frage 2: Die Frankogrenze ist die Abnahmemenge, ab welcher der Lieferant die Transportkosten übernimmt.

Frage 3:

100 % = 95,00 €
92 % = X

$$X = \frac{95{,}00\ € \times 92\ \%}{100\ \%} = 87{,}40\ €$$

Frage 4:

Bezugspreis	32,00 €
+ 35 % Handlungskosten	11,20 €
Selbstkostenpreis	43,20 €
+ 12 % Gewinn	5,18 €
Nettoverkaufspreis	48,38 €
+ 19 % Umsatzsteuer	9,19 €
Bruttoverkaufspreis	**57,57 €**

Frage 5:

Haus-zu-Haus Tarif:	460,50 €
- 15 % Rabatt	69,08 €
+ Tauschgebühr 2 Flachpaletten	6,40 €
+ Tauschgebühr 2 Gitterboxen	19,70 €
Rechnungsbetrag netto	417,52 €
+ 19 % Umsatzsteuer	79,33 €
Rechnungsbetrag brutto	**496,85 €**

Frage 6: 36 m x 42 m = 1512 m² 1512 m² x 48,50 € = **73.332,00 € Kaufpreis**

Frage 7: Ein Mindermengenzuschlag wird meist berechnet, wenn eine Mindestabnahmemenge nicht erreicht wird. Damit soll im Großhandel die Anzahl der Bestellungen von kleinen Mengen reduziert werden.

Frage 8: Ein **Spediteur** ist ein Dienstleistungsunternehmen, das die Versendung von Waren besorgt. Dieses umfasst hauptsächlich die Organisation der Beförderung. Er wählt das Beförderungsmittel und die ausführenden Unternehmen (Frachtführer) aus.

Der **Frachtführer** übernimmt den Transport (z. B. Deutsche Bahn, Deutsche Post, DHL, UPS).

Frage 9: Der Lieferschein begleitet die Anlieferung von Waren. Er enthält Angaben über den Lieferanten, Art und Menge der Ware (ohne Preise) und das Lieferdatum.
Für den Warenempfänger dient er zur Kontrolle der Lieferung. Der Lieferant lässt sich die ordnungsgemäße Lieferung auf dem Lieferschein bestätigen.

Frage 10: 1a, 2a, 3b, 4b, 5a, 6b, 7b, 8a

Frage 11: c

Frage 12: 119 % = 880,00 €
19 % = X

$$X = \frac{880{,}00\ € \times 19\ \%}{119\ \%}$$

X = 140,50 €

Frage 13:
✓ Ein Kundenauftrag wird in mehrere Aufträge nach Lagerzonen unterteilt.
✓ Mehrere Kommissionierer arbeiten an einem Auftrag.
✓ Am Ende werden die Teilaufträge zusammengeführt.

Frage 14: 1c, 2e, 3a, 4f, 5b, 6d

Frage 15: b

I. Verkauf kundenorientiert planen und durchführen 3

Situation zu den Fragen 1 - 5
Sie sind beauftragt, mit einem Kunden ein Beratungs- und Verkaufsgespräch zu führen.

Frage 1: Welche Anforderungen werden an Sie bezüglich Ihres Erscheinungsbildes und Ihres Verhaltens gestellt? Nennen Sie je 3 Anforderungen.

Frage 2: Nennen Sie 6 Regeln, die Sie besonders bei der Eröffnung des Gespräches berücksichtigen sollten.

Frage 3: Unterscheiden Sie offene und geschlossene Fragen und geben Sie je ein Beispiel.

Frage 4: Was sind Entscheidungs-, Kontroll- und Suggestivfragen? Geben Sie wiederum je ein Beispiel.

Frage 5: Was ist unter nonverbaler Kommunikation zu verstehen? Nennen Sie die Teilbereiche mit Beispiel.

Frage 6: Erklären Sie folgende Kommunikationstechniken.

Einwandvorwegnahme	Einwandumkehr	Relativierung	Polarisierung

Frage 7: Welches sind Beispiele für Gesprächsstörer? 2 richtige Antworten

a) Undeutliches oder leises Sprechen
b) Passende Betonung
c) Überredungsversuche
d) Nachfragen und Zustimmen

Frage 8: Welches sind Beispiele für Gesprächsförderer? 2 richtige Antworten

a) Sprechen Sie möglichst monoton.
b) Verwenden Sie nicht zu viele Fachbegriffe.
c) Legen Sie passende Pausen im Gespräch ein.
d) Sprechen Sie in möglichst langen Sätzen.

Frage 9: Welche Merkmale sprechen für ein „aktives Zuhören" bei einem Verkaufsgespräch? 2 richtige Antworten

a) Der Verkäufer widmet dem Kunden seine volle Aufmerksamkeit.
b) Der Verkäufer vermeidet Blickkontakt zum Kunden.
c) Der Verkäufer fasst das Gehörte zusammen.
d) Der Verkäufer lässt sich nicht unterbrechen.

Situation zu den Fragen 10 - 11
Bei einem Verhandlungsgespräch eines Kollegen sollen Sie auf die nonverbale Kommunikation achten.

Frage 10: Ordnen Sie die Beobachtungen entsprechend zu. Tragen Sie dazu die Kennziffer der Beobachtung in das Kästchen neben dem entsprechenden Fachbegriff ein.

Beobachtung	Fachbegriff
1. Hände in der Hosentasche	Mimik: ☐
2. Freundlicher Gesichtsausdruck	Gestik ☐
3. Schnelles Sprechen	Tonfall ☐

Frage 11: Welches wäre ein vermeidbarer Fehler im Bereich Gestik? 1 richtige Antwort

a) Kein Blickkontakt.
b) Mit offenen Armen auf den Kunden zugehen.
c) Hände vor der Brust verschränken.
d) Monotone Sprache.

Frage 12: Welche Grundsätze sind bei einer Verkaufsargumentation zu beachten?
2 richtige Antworten

a) Wählen Sie eine positive Ausdrucksweise.
b) Argumentieren Sie allgemein.
c) Argumentieren Sie mit vielen Fachbegriffen.
d) Argumentieren Sie kundenbezogen.

Frage 13: Welche Reihenfolge ist bei einer erfolgreichen Verkaufsargumentation richtig?
1 richtige Antwort

a) 1. Kundennutzen - 2. Warenvorteil - 3.Warenmerkmale
b) 1. Warenvorteil - 2. Warenmerkmale - 3. Kundennutzen
c) 1. Warenmerkmale - 2. Kundennutzen - 3. Warenvorteil
d) 1. Warenmerkmale - 2. Warenvorteil - 3. Kundennutzen

Frage 14: Ordnen Sie die Einwände zu. Tragen Sie dazu die Kennziffer der Aussage in das Kästchen neben dem entsprechenden Einwand ein.

Aussage	Art von Einwand	
1. Sie haben aber keine große Auswahl.	Einwand gegen die Ware	☐
2. Das gleiche Model habe ich bei einem anderen Großhändler günstiger gesehen.	Einwand gegen das Geschäft	☐
3. Der Produkt sieht nicht hochwertig aus.	Einwand gegen den Verkäufer	☐
4. Haben Sie denn Erfahrungen mit Zubehör?	Einwand gegen den Preis	☐

Frage 15: Ein Kunde bemerkt im Verkaufsgespräch, dass das neue Radio sehr teuer sei. Der Verkäufer antwortet: „Ja, Sie haben Recht. Aber bedenken Sie, dass Sie durch das hochwertige Empfangsteil einen sehr guten Empfang auch in höheren Regionen haben".
Wie wird diese Methode der Einwandbehandlung genannt? 1 richtige Antwort

a) Bumerangmethode
b) Offene-Gegenfrage-Methode
c) Ja-Aber-Methode
d) Vertagungsmethode

Lösungen zu Fragenblock I

Frage 1:

Erscheinungsbild	Verhalten
Gepflegtes Äußeres Ansprechende Kleidung und Schuhe Ordentliche Arbeitsunterlagen	Höflich Interessiert und engagiert Wertschätzung ausdrücken

Frage 2:

✓ Führen Sie das Gespräch nicht unter Zeitdruck.
✓ Schaffen Sie eine positive Gesprächsatmosphäre.
✓ Nehmen Sie Blickkontakt auf und stehen Sie gerade.
✓ Begrüßen Sie Ihren Gesprächspartner freundlich mit Namen.
✓ Hören Sie Ihrem Gesprächspartner aufmerksam zu.
✓ Sprechen Sie nicht monoton und betonen Sie Wichtiges (Stimmmodulation).
✓ Halten Sie einen angemessenen Abstand.
✓ Achten Sie auf Ihre und die Körpersprache Ihres Gegenübers.

Frage 3:

- Offene Frage: Sie lässt alle möglichen Antworten zu und liefert gute Informationen für den Verkäufer. Beispiel: „Wofür benötigen Sie dieses Produkt?"

- Geschlossene Frage: Sie ist durch eine kurze Antwort oder mit „Ja oder Nein" zu beantworten. Beispiel: „Soll dieses Gerät nur zum Ausdrucken von Geschäftsbriefen benutzt werden?"

Frage 4:

Entscheidungsfragen: Vom Gesprächspartner wird eine Entscheidung erwartet. Beispiel: „Sollen wir das Gerät am Dienstag liefern?"

Kontrollfragen: Es wird kontrolliert, dass die vorherigen Gesprächspunkte verstanden wurden. Beispiel: „Habe ich Sie richtig verstanden, dass wir jetzt nur noch über die Skontovereinbarung reden?"

Suggestivfragen: Sie legt dem Käufer eine Antwort „in den Mund" und soll oft beeinflussen oder den Kauf beschleunigen. Beispiel: „Sie wollen doch ein günstiges und zuverlässiges Gerät kaufen?

Frage 5: Nonverbale Kommunikation ist jegliche Kommunikation, die keine Worte benötigt.

Nonverbale Kommunikation - Beispiele	
Mimik:	Freundlicher Gesichtsausdruck, Blickkontakt halten.
Gestik:	Mit offenen Armen auf Kunden zugehen, Hände nicht vor der Brust verschränken, Hände nicht in die Hosentaschen stecken.
Körperhaltung:	Aufrechte, offene Körperhaltung
Abstand:	Persönliche Distanzzone wahren, Abstand ca. 1-2 m

Frage 6:

Einwandvorwegnahme: Bevor ein Kunde die Nachteile des Produkts zur Sprache bringt, kommen Sie ihm einfach zuvor.

Einwandumkehr: Einwände des Kunden werden positiv dargestellt.

Relativierung: Das Argument des Kunden wird zu anderen (positiven) Argumenten in Relation gesetzt.

Polarisierung: Unterschiedliche Ansichten werden herausgestellt. Entweder stimmt man zu oder nicht.

Frage 7: a, c

Frage 8: b, c

Frage 9: a, c

Frage 10: 2 - 1 - 3

Frage 11: c

Frage 12: a, d

Frage 13: d

Frage 14: 3 - 1 - 4 - 2

Frage 15: c

J. Verkauf kundenorientiert planen und durchführen 4

Situation zu den Fragen 1 - 2
Die Firma Kater Tierfutter Großhandel AG überlegt, seinen Mitarbeitern die betrieblich notwendige Software online zur Verfügung zu stellen.

Frage 1: Was ist unter Onlineanwendung zu verstehen?

Frage 2: Stellen Sie Vor- und Nachteile von Onlineanwendungen gegenüber.

Frage 3: Welchen Stellenwert hat die Terminüberwachung bei der Auftragsabwicklung? Welche Termine sollten überwacht werden?

Frage 4: Was ist unter Kommissionierung zu verstehen?

Situation zu den Fragen 5 - 7
Sie erhalten ein Angebot von der Spedition Schäfer und Sohn für die Übernahme des Werkverkehrs. Die Spedition berechnet 4,20 € pro km.
Zurzeit werden folgende Kosten durch die eigenen Lkw verursacht:
- Fixe Kosten: 450.000,00 € - Variable Kosten: 2,00 € pro km

Frage 5: Bei welcher Kilometerleistung sind die Kosten gleich?

Frage 6: Wie lautet der Fachbegriff für die Auslagerung von Dienstleistungen oder Betriebsteilen?

Frage 7: Welche Vorteile und Nachteile können sich aus der Auslagerung ergeben?

Frage 8: Die Norm DIN 5008 legt Schreib- und Gestaltungsregeln für Geschäftsbriefe fest. Welches sind die entsprechenden Regeln des Normbriefes für folgende Inhalte?

Größe in mm des Anschriftenfeldes	Betreff	Anrede	Datum (z. B. 26. Mai 20..)
Schrift Textbereich	Seitenränder	IBAN	Telefonnummer

Situation zu den Fragen 9 - 10
Sie haben den Auftrag eine E-Mail Anfrage zu beantworten.

Frage 9: Beim Schreiben einer E-Mail gibt es neben der „An“- und „Betreff“- Angabe auch die Felder „Cc“ und „Bcc“. Erklären Sie die Bedeutungen.

Frage 10: Was ist unter „Netiquette“ beim Erstellen und Versenden von E-Mails zu verstehen? Geben Sie 3 Beispiele.

Situation zu den Fragen 11 - 14
Sie arbeiten in der Vertriebsabteilung der Wolfsam Textil Großhandel GmbH und erhalten den Auftrag, auf eine Anfrage ein schriftliches Angebot zu erstellen.

Frage 11: Welche Aussagen zu Bezugszeichen auf einem Angebot sind richtig?
2 richtige Antworten

a) Die Bezugszeichen gehören zu den Pflichtangaben bei Geschäftsbriefen.
b) Die Bezugszeichen erleichtert die Orientierung des Briefempfängers.
c) In den Bezugszeichen werden wichtigen Informationen genannt, die sich auf den vorangegangenen Schriftwechsel beziehen.
d) Die Bezugszeichen werden am Ende des Briefes eingefügt.

Frage 12: Welche Angaben gehören zu den Pflichtangaben bei Geschäftsbriefen der Wolfsam Textil Großhandel GmbH? 2 richtige Antworten

a) Rechtsform der Gesellschaft
b) Registergericht des Sitzes der Gesellschaft und Handelsregisternummer
c) Ansprechpartner für Rückfragen zu dem Angebot.
d) Bankverbindung (IBAN)

Frage 13: Leider schwanken die Einkaufspreise zurzeit für die angefragten Produkte stark. Mit welcher Formulierung können Sie eine Preisbindung zielgerichtet einschränken?
1 richtige Antwort

a) Nur solange Vorrat reicht.
b) Die Gültigkeit des Angebots beträgt 2 Wochen.
c) Preis freibleibend.
d) Zahlbar 30 Tage netto ohne Abzug.

Frage 14: Welche Grundsätze sollten bei der Erstellung des Angebots beachtet werden?
2 richtige Antworten

a) Nennen Sie die wichtigsten Punkte zuerst.
b) Erstellen Sie das Angebot sehr ausführlich. Es sollte mindestens 2 Seiten betragen.
c) Stellen Sie Ihre Firma in den Mittelpunkt.
d) Bieten Sie eine direkt Kontaktmöglichkeit an.

Lösungen zu Fragenblock J

Frage 1: Die Computerprogramme sind nicht auf dem firmeneigenen Computer installiert. Sie werden über den Webserver des Anbieters abgerufen und auch dort gespeichert.

Frage 2:

Vorteile	Nachteile
Weltweiter Zugriff auf Dokumente. Gemeinsames Bearbeiten von Dokumenten und Daten. Unkomplizierter PC-Wechsel und Updates der benutzten Programme.	Kein Zugriff bei Offline-Status. Datensicherheit kann problematisch werden. Speicherplatz ist meist nicht kostenlos. Vertragliche Bindung an den Provider.

Frage 3: Die Terminüberwachung hat einen hohen Stellenwert. Folgende Termine sollten überwacht werden:

- ✓ Termine in der Produktion und die rechtzeitige Fertigstellung des Produktes.
- ✓ Überwachung der Termine für Bereitstellung und Versand der Waren.
- ✓ Überwachung der Rechnungsstellung und des Zahlungseinganges inkl. Erstellung von Mahnungen.

Frage 4: Kommissionierung ist das Zusammenstellen von Teilmengen (Artikeln) aus einer Gesamtmenge (Sortiment) aufgrund von Aufträgen.

Frage 5:

$450.000\,€ + 2\,x = 0\,€ + 4{,}2\,x \qquad / - 2\,x$

$450.000 = 2{,}2\,x \qquad / : 2{,}2$

$204.545{,}45 = x$ Bei **204.545,45** km sind die Kosten gleich.

(Mit 0 € sind die Fixkosten der Spedition Schäfer in der ersten Zeile dargestellt.)

Frage 6: Outsourcing

Frage 7:

Vorteile	Nachteile
Reduzierung von Kosten. Konzentrierung auf Kernkompetenz. Steigerung der Qualität (durch Expertenarbeit). Zugriff auf Spezialisten. Senkung des Risikos (z. B. bei Krisen).	Abhängigkeit vom Dienstleister. Abgabe der Kontrolle. Probleme bei der Kommunikation sind möglich. Weitergabe von Kundendaten (sensible Daten).

Frage 8:

Größe des Anschriftenfeldes: 40 x 85 mm (Dazu kommen 5 mm für die Absender-Adresse oberhalb der Empfängeranschrift.)

Betreff: Die Betreffzeile wird fett gedruckt. Das Wort "Betreff" wird nicht ausgeschrieben.

Anrede: Erscheint 2 Leerzeilen nach dem Betreff. Danach erfolgt eine Leerzeile.

Datum: Internationale Schreibweise: 2022-05-26; 26.05.2022, 26. Mai 2022

Schrift Textbereich: Mindestens Schriftgröße 10 und gut lesbare Schriftarten (z. B. Arial Größe 11, Times New Roman Größe 12) verwenden.

Seitenränder: 2,5 cm vom linken Rand und mindestens 1 cm vom rechten Rand.

IBAN: 4er Gruppen und zum Schluss eine 2er Gruppe, z. B. DE25 1234 3421 4567 8910 12.

Telefonnummer: Vorwahl und Rufnummer durch Leerzeichen trennen, z. B. 04562 986543.

Frage 9:
Cc - **C**arbon **c**opy = Kopien an weitere Empfänger
Bcc - **B**lind **c**arbon **c**opy = Kopie an weitere Empfänger. Die E-Mail Adresse unter „Bcc" ist für die weiteren Empfänger nicht sichtbar.

Frage 10: Netiquette setzt sich aus dem englischen Wort für Netz (Net) und dem französischen etiquette (Etikette, Umgangsformen) zusammen. Es sind Verhaltensempfehlungen für eine angemessene und respektvolle Kommunikation im Internet.

Schreiben Sie eine aussagefähige Betreffzeile.	Vermeiden Sie lange E-Mails.
Fügen Sie eine Signatur bei.	Absätze erhöhen die Lesbarkeit.
Beachten Sie Rechtschreibregeln.	Keine unverlangten Anhänge versenden.

Frage 11: b, c

Frage 12: a, b

Frage 13: c

Frage 14: a, d

K. Arbeitsorganisation projekt- und teamorientiert planen und steuern 1

Situation zu den Fragen 1 - 3
Sie sind zurzeit bei der Metramo Großhandel GmbH & Co. KG für die Bearbeitung der Eingangspost und Ausgangspost zuständig.

Frage 1: Unterscheiden Sie die „Einfache Postvollmacht" und die „Besondere Postvollmacht".
2 richtige Antworten

a) Eine einfache Postvollmacht berechtigt zur Entgegennahme gewöhnlichen Postsendungen.
b) Eine einfache Postvollmacht berechtigt nicht zur Entgegennahme von Postsendungen mit dem Zusatz „Persönlich / Vertraulich" .
c) Eine Postvollmacht muss ins Handelsregister eingetragen werden.
d) Eine besondere Postvollmacht berechtigt zur Entgegennahme von Postsendungen mit dem Zusatz „Eigenhändig" .

Frage 2: Wie schwer darf ein Großbrief höchstens sein? 1 richtige Antwort

a) 20 Gramm
b) 50 Gramm
c) 500 Gramm
d) 1000 Gramm

Frage 3: Welcher der eingehenden Briefe ist an die Abteilung Rechnungswesen weiterzuleiten?
1 richtige Antwort

a) Bewerbung eines Fachlageristen für die ausgeschriebene Stelle im Lager.
b) Mahnung eines Lieferanten.
c) Angebot auf eine Anfrage für eine neue Produktlinie.
d) Schreiben vom Finanzamt.

Frage 4: Sortieren Sie die Ordnungssysteme entsprechend zu.

1. Sortierung nach einer zeitlichen Reihenfolge, z. B. Geburtstagen.	a) Numerische Ordnung
2. Sortierung nach Nummern, z. B. Kontonummern.	b) Farbliche Ordnung
3. Sortierung nach dem Alphabet, z. B. nach Kundennamen.	c) Alphanumerische Ordnung
4. Kombination von alphabetischer und numerischer Ordnung, z. B. A-658. „A" ist die Grobeinteilung, 658 steht für die Feineinteilung, z. B. Angebotsnummer.	d) Chronologische Ordnung
5. Sinnvolle Ergänzung, z. B. Lieferantenadressen im gelben Ordner.	e) Alphabetisches System

Situation zu den Fragen 5 - 7
Sie sind für die Betreuung der Auszubildenden des Betriebes zuständig.

Frage 5: Welche Maßnahmen wären zur Begrüßung der neuen Auszubildenden geeignet?

1. Erste Informationen zu den einzelnen Abteilungen des Betriebes geben.	a) Geeignet
2. Informationen zur Führung des Ausbildungsnachweises geben.	
3. Vorstellung aller 60 Mitarbeiter/-innen des Betriebes.	b) Nicht geeignet
4. Erste Arbeitsschritte zur Einarbeitung in der Berufsausbildung nennen.	

Frage 6: Der Auszubildende Jakob kann Zusammenhänge nicht immer richtig erfassen. Darum soll er mit der Auszubildenden Laura bei einem Projekt zusammenarbeiten.
Wie verhalten Sie sich als Ausbilder/-in beim "Selbstgesteuerten Lernen"? 1 richtige Antwort

a) Sie greifen sofort ein, wenn es zu Fehlern kommt.
b) Sie bereiten alles sehr sorgfältig und bis ins Detail geplant vor.
c) Sie stehen für Nachfragen bezüglich des Projektes nicht zur Verfügung.
d) Sie bereiten das Projekt entsprechend vor, damit es von den beiden selbständig erarbeitet werden kann.

Frage 7: Im Betrieb sollen auch die sozialen Kompetenzen der Auszubildenden gefördert werden. Was ist damit gemeint? 1 richtige Antwort

a) Die Auszubildenden sollen lernen, dass man z. B. bei der Urlaubsbesprechung auch Kompromisse eingehen muss.
b) Die Auszubildenden sollten ihre Ansichten auf jeden Fall durchsetzen.
c) Die Auszubildenden müssen analytisch denken lernen.
d) Die Belastbarkeit des Auszubildenden sollte im Rahmen der Ausbildung gesteigert werden.

Situation zu den Fragen 8 - 10
Bei der Nordheim Handels GmbH & Co. KG werden wichtige Entscheidungen nicht rechtzeitig getroffen. Dies führt zu Umsatzeinbußen.

Frage 8: Was ist unter Zeitmanagement zu verstehen? Erklären Sie.

Frage 9: Erläutern Sie folgende Instrumente des Zeitmanagements:

ABC-Analyse	Eisenhower Prinzip	Pareto-Prinzip

Frage 10: Es wird überlegt, eine elektronische Terminplanung und Terminüberwachung einzuführen. Nennen Sie je 3 Vorteile und Nachteile bei einem Umstieg.

Situation zu den Fragen 11 - 15
Der Sportartikelgroßhändler „Supisport“ in Berlin überlegt, ob er seine Sportartikel auch direkt an Endkunden verkaufen und dazu zwei Testgeschäfte eröffnen soll.

Frage 11: Um Ideen für die Verwirklichung zu sammeln, sollen Kreativitätstechniken angewendet werden. Was ist darunter zu verstehen?

Frage 12: Erläutern Sie kurz folgende Techniken:

Brainstorming	6-3-5 Methode	Mindmapping

Frage 13: Weitere Vorbereitungsarbeiten für die Testgeschäfte sollen in Teamarbeit erfolgen. Nennen Sie 6 Vorteile.

Frage 14: Der Kollege möchte anhand der Brainstorming Ergebnisse die Vor- und Nachteile eines Testgeschäfts der Leitung erläutern. Nehmen Sie Stellung.

Frage 15: Zwischen 2 Gruppenteilnehmern kommt es zu einem Konflikt. Wie sollte sich der Teamleiter verhalten?

Lösungen zu Fragenblock K

Frage 1: a, d

Frage 2: c

Frage 3: b

Frage 4: 1d, 2a, 3e, 4c, 5b

Frage 5: 1a, 2a, 3b, 4a

Frage 6: d

Frage 7: a

Frage 8: Unter Zeitmanagement versteht man mehrere Vorgehensweisen, die dabei helfen sollen, anstehende Aufgaben und Termine innerhalb des zur Verfügung stehenden Zeitraums abzuarbeiten. Es wird zwischen persönlichem Zeitmanagement und Zeitwirtschaft unterschieden.

Frage 9:

ABC-Analyse: Die Aufgaben werden nach der Wichtigkeit gegliedert.
A: Sehr wichtige Aufgaben, die auch dringend sind (schnell bearbeiten).
B: Wichtige Aufgaben, die nicht so dringend sind. (Können diese Aufgaben delegiert werden?)
C: Nicht wichtige Aufgaben effizient abarbeiten.

Eisenhower-Prinzip: Die Einteilung erfolgt in 4 Kategorien nach Wichtigkeit und Dringlichkeit.
A: Die Aufgabe ist wichtig und dringend. (Sofort selbst erledigen.)
B: Die Aufgabe ist wichtig, aber nicht dringend. (Terminieren und selbst erledigen.)
C: Dringende Aufgabe, die nicht wichtig sind. (An Mitarbeiter delegieren.)
D: Nicht dringende Aufgaben, die auch nicht wichtig sind.

Pareto-Prinzip: 80 % der Ergebnisse lassen sich mit 20 % des Gesamtaufwandes erreichen. Die verbleibenden 20 % der Ergebnisse benötigen daher mit 80 % die meiste Arbeit.

Frage 10:

Vorteile	Nachteile
Einfache Terminpflege (z. B. Verschieben)	Datenverlust bei Soft- und Hardware Fehlern
Übersichtlich	Änderungen müssen synchronisiert werden.
Termine auch „unterwegs“ verfügbar.	Änderungen lassen sich nachträglich schwer rekonstruieren.
Passwortschutz möglich	

Frage 11: Kreativitätstechniken sind Methoden zur Förderung von Kreativität und gezieltem Erzeugen neuer Ideen, um Visionen zu entwickeln oder Probleme zu lösen.

Frage 12:

Brainstorming: Alle Teilnehmer sollen ohne jede Einschränkung Ideen produzieren und mit anderen Ideen kombinieren. Die Gruppe sollte in eine möglichst produktive und erfindungsreiche Stimmung versetzt werden. Geäußerte Vorschläge dürfen nicht kritisiert werden.
6-3-5 Methode: 6 Teilnehmer, 3 Ideen, 5x weiterreichen Ein Moderator erklärt den Teilnehmern (TN) das Ausgangsproblem, so dass alle TN im Bilde sind. Dann erhält jeder TN ein Arbeitspapier mit drei Spalten und 6 Zeilen. In einer vorgegebenen Zeit, z. B. 3 Minuten, schreibt jeder TN seine drei Ideen in die oberste Zeile. Nach drei Minuten wird der Zettel an den Sitznachbarn weitergereicht. Dieser schreibt nun seine Ideen in die darunter stehenden Zeile. Dabei sollen die bereits genannten Ideen aufgegriffen und ggf. weiterentwickelt werden. Nach weiteren 3 Minuten werden die Zettel weitergereicht, bis alle 6 Zeilen gefüllt sind. So entstehen in kürzester Zeit (18 Minuten) 108 Ideen (6x18).
Mindmapping: Erschließen und Visualisieren eines Themengebietes. Ideen / Gedanken sollen gesammelt und in Beziehung zueinander gesetzt werden. Dabei werden vom Hauptwort ausgehend „Äste“ gezeichnet und mit einem Schlüsselwort / Überschrift versehen. Von den Hauptästen gehen wiederum Linien ab, die Unterkategorien bilden. So entsteht mit der Zeit eine Art „Gedankenlandschaft“ oder „Gedankenbaum“.

Frage 13:

✓ Die Kreativität wird gefördert.
✓ Zufriedenheit und Arbeitsmoral nimmt zu.
✓ Vorhandenes Wissen wird genutzt.
✓ Informationsfluss wird verbessert.
✓ Problemverständnis steigt, da Mitarbeiter Hintergründe kennen.
✓ Gegenseitige Unterstützung wächst.
✓ Die Arbeitsatmosphäre verbessert sich.

Frage 14: Interesse der Leitung ist vermutlich nicht, dass der Verlauf des Prozesses, sondern das Ergebnis präsentiert wird. Daher bietet sich eher die sortierte Form des Brainstormings an: Das Mindmap. Alle Begriffe sind zum Thema (hier: Testgeschäft) übersichtlich zusammengefasst und gebündelt.

Frage 15: Der Teamleiter sollte keine Partei ergreifen und stattdessen beruhigend auf die streitenden Parteien einwirken. Nachdem er sich die verschiedenen Standpunkte angehört hat, sollte er eine Lösung finden. Diese kann auch aus einem Kompromiss bestehen. Evtl. kann auch noch ein Schlichter hinzugezogen werden.

L. Arbeitsorganisation projekt- und teamorientiert planen und steuern 2

Frage 1: Nennen Sie 4 Protokollarten mit ihren wesentlichen Merkmalen.

Situation zu den Fragen 2 - 5
In Ihrem Betrieb wird ein „Tag der offenen Tür“ geplant. Die Planung dazu soll in Teamarbeit erfolgen.

Frage 2: Nennen Sie 5 Regeln für eine erfolgreiche Teamarbeit.

Frage 3: Es gibt verschiedene Ursachen, die für Konflikte sorgen können. Erklären Sie kurz.

Frage 4: Woran kann man Konflikte frühzeitig erkennen?

Frage 5: Erklären sie im Zusammenhang mit Konflikten das Eisbergmodell.

Situation zu den Fragen 6 - 8
Der Betrieb Feinkostgroßhandel Vielfalt möchte in der Zukunft bestimmte Artikel immer nur für einen gewissen Zeitraum in sein Sortiment übernehmen. Dazu wünscht sich der Eigentümer Ideen aus seinem Unternehmen. Es wird eine Projektgruppe eingerichtet.

Frage 6: Was kennzeichnet ein Projekt?

Frage 7: Es soll die SMART-Formel angewendet werden. Erklären Sie.

Frage 8: Worauf sollte man bei der Besetzung der Projektgruppe achten?

Frage 9: Was sind Meilensteine in einem Projekt?

Frage 10: Welche Aussagen zu Arbeitsgruppen sind richtig? 2 richtige Antworten

a) Die Gruppenarbeit fördert die Ausbildung von Teamfähigkeit (Schlüsselqualifikation).
b) Der Mitarbeiter mit dem besten Fachwissen sollte Gruppensprecher sein.
c) Durch Ausübung von Druck auf die Gruppe lässt die Leistung in der Regel nach.
d) Durch Ausübung von Druck auf die Gruppe lässt sich die Leistung steigern.

Frage 11: Zur Vertiefung bestimmter Fortbildungsinhalte werden vermehrt „e-learning Kurse“ angeboten. Welche Vorteile gibt es beim e-learning? 2 richtige Antworten

a) Es ist keine Selbstdisziplin notwendig.
b) Rückfragen können gut beantwortet werden.
c) Lernerfolgskontrollen sind oft inkludiert.
d) Die Kurse können meist zeitunabhängig bearbeitet werden.

Situation zu den Fragen 12 - 13
Eine Aufgabe wird in Teamarbeit erledigt.

Frage 12: Nach der Arbeit im Team soll es ein Feedback geben. Worauf ist zu achten?
2 richtige Antworten

a) Nur der Gruppenleiter oder ein erfahrener Mitarbeiter sollte das Feedback abgeben.
b) Das Feedback sollte sachlich vorgebracht werden.
c) Das Feedback sollte zeitnah vorgebracht werden.
d) Es sollten nur die Fehler / negativen Punkte angesprochen werden, da so der Lerneffekt am Höchsten ist.

Frage 13: Welche Punkte sind vom Feedbacknehmer zu beachten? 2 richtige Antworten

a) Geben Sie eindeutig zu verstehen, ob und wann Sie ein Feedback wünschen.
b) Unterbrechen Sie den Feedback-Geber auch bei kleinen Unstimmigkeiten.
c) Brechen Sie das Feedback sofort ab, wenn Kritik geäußert wird.
d) Wenden Sie sich zu dem Feedbackgeber körperlich hin und hören aufmerksam zu.

Situation zu der Frage 14 - 15
Sie werden beauftragt, eine Besprechung zu organisieren.

Frage 14: Nennen Sie 10 Punkte, die Bestandteile einer Checkliste werden können.

Frage 15: Erstellen Sie eine entsprechende Checkliste.

Lösungen zu Fragenblock L

Frage 1:

Ergebnisprotokoll:	Kurzprotokoll mit Beschlüssen und Ergebnissen.
Wortprotokoll:	Umfangreich, da alle Wortbeiträge ungekürzt protokolliert werden.
Gedächtnisprotokoll:	Nachträglich werden die wichtigsten Eckpunkte festgehalten.
Verlaufsprotokoll:	Die wesentlichen Inhalte werden sinngemäß wiedergegeben.

Frage 2:

Das Team darf eine gewisse Größe nicht überschreiten (max. 10 Mitglieder).
Es muss ein klar verständliches Ziel geben.
Das Team muss die gemeinsame Verantwortung für die Aufgabe haben.
Jedes Teammitglied hält die Absprachen ein.
Jedes Teammitglied bringt sich konstruktiv und aktiv ein.
Kritik ist erwünscht und wird sachlich vorgebracht.
Aufgaben werden gerecht im Team verteilt.

Frage 3: Konflikte können dort entstehen, wo verschiedene Meinungen, Ansichten, Interessen und Werte aufeinandertreffen. Beispielsweise: Zwei Partner haben unterschiedliche Vorstellungen von Ordnung oder Pünktlichkeit (Wertekonflikt).

Frage 4: Konflikte lassen sich erkennen durch: Wiederholte Beschwerden, „schnippische" Antworten, erhöhten Krankenstand im Betrieb, Beharren auf die eigene Meinung (ohne auf Gegenargumente einzugehen), Misstrauen / Unterstellungen bestimmten Personen gegenüber, unvollständige Informationsweitergabe,... .

Frage 5: Ähnlich dem Pareto-Prinzip. Das Wesentliche eines Konfliktes geschieht unterhalb der Oberfläche (80%). Konkret: Durch Gefühle, zurückliegende Erfahrungen, Einstellungen, Misstrauen, Vorurteile, etc. werden die meisten Handlungsmotive unbewusst gesteuert.
Nur 20% der Konflikte sind „sichtbar" auf der Sach- bzw. Inhaltsebene (Daten, Fakten, Meinungen) zu finden.

Frage 6: Kennzeichnend für ein Projekt:

Es gibt ein spezielles Ziel.	Es ist einmalig.
Es hat ein Enddatum (zeitlich befristet).	Es verfügt über ein eigenes Budget.
Die Arbeit erfolgt im Team, zusammengesetzt aus verschiedenen Abteilungen.	Es gibt eine spezielle Dokumentation.

Frage 7:

Deutsch	Englisch	Beschreibung
Spezifisch	Specific	Das Ziel wird nicht allgemein formuliert, sondern konkret.
Messbar	Measurable	Es soll erkennbar sein, wenn das Ziel erreicht ist (z. B. Senkung der Energiekosten um 15 %).
Aktivierend	Activating	Das Ziel soll ansprechend, erstrebenswert und auch erreichbar sein.
Realistisch	Reasonable	Das Ziel muss realistisch sein.
Terminiert	Time-bound	Das Ziel muss bis zu einem bestimmten Termin (Datum) erreicht sein.

Frage 8: Das Projektteam sollte interdisziplinär besetzt und mit entsprechender Fachkompetenz ausgestattet sein. Die Kerngruppe sollte nicht zu groß sein. Die Projektgruppe kann bei Bedarf andere Personen zeitlich begrenzt hinzubitten.

Frage 9: Mit <u>Meilensteine</u> sind Teilziele gemeint. Sie markieren oft den Anfang oder das Ende eines Projektabschnitts und dienen der Kontrolle im Projektverlauf und des Projektfortschritts.

Frage 10: a, c

Frage 11: c, d

Frage 12: b, c

Frage 13: a, d

Frage 14:

✓ Festlegen des Teilnehmerkreises (intern oder extern).
✓ Ort und Räumlichkeiten festlegen (intern oder extern).
✓ Tagesordnung festlegen (Beginn, Ende, Pausen, Zeitrahmen).
✓ Unterlagen zusammenstellen.
✓ Einladungen entwerfen (Thema der Besprechung, Wo und Wann).
✓ Einladung und weitere Unterlagen verschicken (E-mail, Post, Hauspost).
✓ Rückläufer der Einladung bearbeiten (Vollständigkeit, Nachfragen).
✓ Bewirtung / Catering organisieren (intern oder extern).
✓ Technik bereitstellen und auf Funktion überprüfen (Beamer, Laptop, Whiteboard…).
✓ Sitzplan erstellen (wenn nötig).
✓ Protokollant ernennen und Protokollart festlegen (Verlaufs- oder Ergebnisprotokoll).
✓ Feedbackbogen entwerfen.

Frage 15: **Checkliste - Besprechung**

- ☐ Festlegen des Teilnehmerkreises
    - Interne Teilnehmer
    - Teilnehmer außerhalb des Unternehmens
- ☐ Ort und Räumlichkeiten festlegen
    - intern
    - extern
- ☐ Tagesordnung festlegen (Beginn, Ende, Pausen, Zeitrahmen)
- ☐ Unterlagen zusammenstellen
- ☐ Einladungen entwerfen (Thema der Besprechung, Wo und Wann)
- ☐ Einladung und weitere Unterlagen verschicken
    - Per Email
    - Per Post
    - Hauspost
- ☐ Rückläufer der Einladung bearbeiten
    - Vollständiger Rücklauf
    - Nachfragen, wenn keine Rückmeldung erfolgt
- ☐ Bewirtung / Catering organisieren
    - Intern
    - extern
- ☐ Technik bereitstellen und auf Funktion überprüfen
    - Beamer
    - Laptop
    - Whiteboard
    - ……..
- ☐ Sitzplan erstellen (wenn nötig)
- ☐ Protokollant ernennen und Protokollart festlegen
    - Verlaufsprotokoll
    - Ergebnisprotokoll
- ☐ Feedbackbogen entwerfen

Paul Prüfling

M. Arbeitsorganisation projekt- und teamorientiert planen und steuern 3

Frage 1: Was ist der Unterschied zwischen innerbetrieblicher und außerbetrieblicher Kommunikation?

Frage 2: Geben Sie Beispiele für innerbetriebliche Texte.

Situation zu den Fragen 3 - 5
Sie werden beauftragt, eine Präsentation vorzubereiten.

Frage 3: Nennen Sie verschiedene Medien, die verwendet werden können und erläutern Sie kurz Vor- und Nachteile der jeweiligen Medien in tabellarischer Form.

Frage 4: Was ist bei der Vorbereitung einer Präsentation unter der „SIE-Analyse" zu verstehen?

Frage 5: Aus welchen Bestandteilen besteht häufig die Einleitung einer Präsentation?

Frage 6: Ordnen Sie die geeignete Ausbildungsmethode entsprechend zu.

1) Die Aufstiegsmöglichkeiten im Betrieb aufzeigen.	a) Lehrgespräch
2) Kommunikation bei einem Beratungsgespräch verbessern.	b) Rollenspiel
3) Arbeitssicherheit im Betrieb.	c) Kurzvortrag
4) Die Auszubildenden sollen die Ausbildungsberufe des Betriebes bei der nächsten Herbstausstellung präsentieren.	d) Moderierte Besprechung

Situation zu den Fragen 7 - 8
Sie sollen eine Präsentation vor Geschäftskunden halten.

Frage 7: Was sollte vor einer Präsentation alles bedacht werden?

Frage 8: Ihr Kollege Felix Pfiffig soll die Sitzung moderieren. Was sind Aufgaben eines Moderators?

Frage 9: Sie möchten einen Beamer in Ihren Unterricht einbinden. Für welches Beispiel wäre er geeignet? 1 richtige Antwort

a) Sie möchten die Funktionsweise eines Dieselmotors erklären.
b) Sie arbeiten praktisch mit der Gruppe und möchten das Bedienen der Telefonanlage erklären.
c) Sie erklären mit einem Organigramm die Zusammenhänge einzelner Abteilungen im Betrieb.
d) Sie möchten den Zusammenhalt in der Gruppe stärken.

Frage 10: Was ist unter Mindmap-Methode zu verstehen? 1 richtige Antwort

a) Eine spezielle Technik zur Erschließung und visuellen Darstellung eines Themengebietes.
b) Eine darbietende Ausbildungsmethode
c) Ein anderer Ausdruck für „Brainstorming"
d) Ein Rollenspiel

Frage 11: Für welche Ausbildungsinhalte wäre ein Rollenspiel gut geeignet?
2 richtige Antworten

a) Aufbau einer Fertigungsstraße
b) Führen eines Verkaufsgespräches
c) Funktionsweise des Dieselmotors
d) Vorbereitung auf die mündliche Prüfung

Frage 12: Wie können Sie einen Kurzvortrag ansprechend gestalten? 3 richtige Antworten

a) Gestalten Sie die Einleitung interessant, z. B. mit besonderen Ereignissen zum Thema.
b) Benutzen Sie viele Fachwörter / Fremdwörter.
c) Rücken Sie zum Schluss noch mal die wichtigsten Punkte des Vortrags in den Vordergrund.
d) Seien Sie auf Fragen vorbereitet.

Frage 13: Wofür wird eine Adressatenanalyse benötigt? 2 richtige Antworten

a) Zur besseren Auswahl der Lehrmethoden.
b) Zur schnelleren Erledigung eines Vortrages.
c) Zur Festlegung und Beschreibung der Zielgruppe.
d) Zur Ermittlung der postalischen Adresse der Teilnehmer.

Situation zu den Fragen 14 - 15
Gloria Meller bereitet eine Präsentation vor. Sie fragt sich, ob sie die geplanten Bestandteile verwenden darf.

Frage 14: Welche Bestandteile wären urheberrechtlich geschützt? 2 richtige Antworten

a) Nennung von Rechtsvorschriften.
b) Einbau einer Skizze aus einem Fachbuch.
c) Einbau eines aus einem Videoportal kopierten Videoclips.
d) Bezug auf konkrete Fakten.

Frage 15: Welche Aussagen zum Urheberrecht sind richtig? 2 richtige Antworten

a) Der Urheber legt fest, wie mit seinen Werken umgegangen wird.
b) Das Urheberrecht gilt nur eingeschränkt für im Internet veröffentlichte Werke.
c) Das Urheberrecht gilt nicht bei betrieblichen Veranstaltungen im Bereich Fortbildung.
d) Das Urheberrecht verbietet die Nutzung eines urheberrechtlich geschützten Werkes ohne Erlaubnis des Urhebers.

Lösungen zu Fragenblock M

Frage 1:
Innerbetriebliche Kommunikation: Informationsfluss im Betrieb, z. B. zwischen Lager und Buchhaltung.

Außerbetriebliche Kommunikation: Informationsfluss zwischen Betrieb und Außenstehenden, z. B. Verkäufer spricht auf einer Messe mit einem Kunden.

Frage 2:

Kurzmitteilung	Rundschreiben	Interne Mitteilung
Notiz	E-Mail	Bericht
Aushang	Protokoll	Fragebogen

Frage 3:

	Vorteile	Nachteile
Flipchart	Einfache Handhabung Gute Interaktion möglich Gute Kontraste	Nicht für große Räume geeignet Begrenzte Fläche Papier relativ teuer
Beamer	Animierte Darstellungen möglich Große Projektionsfläche möglich Schneller Wechsel der Präsentation	Gute Verdunklungsmöglichkeit nötig Hoher Vorbereitungsaufwand Software- und Einstellungsprobleme
Kreidetafel	Einfache Handhabung Große Fläche (Korrekturmöglichkeit) Entschleunigung der Darstellung	Schwere Lesbarkeit bei kleiner Schrift Beim Schreiben kein Augenkontakt Verschmutzte Hände (Kreidekontakt)
Overhead-projektor	Kurze Aufbauzeit Aufbewahrung der Folien möglich Sichtkontakt während der Präsentation	Störendes Geräusch (Lüfter) Hoher Vorbereitungsaufwand (Folien) Nicht für komplexe Darstellungen
Whiteboard	Abwischbar, somit Korrektur möglich Als Magnetfläche geeignet Umweltverträglich	Spezialstifte notwendig Oft fest montiert Sicherung der Darstellung schwierig
Smartboard	Digitalisierung des Tafelbildes Einbindung von Inhalten (Notebook) Interessante Präsentation möglich	Hohe Anschaffungskosten Schreibfläche meist kleiner Kein Sichtkontakt beim Schreiben

Frage 4: Die **SIE-Analyse** besteht aus **S**ituation, **I**nteressen und **E**instellungen der Zuhörer.

Frage 5: Die Einleitung der Präsentation besteht häufig aus folgenden Bestandteilen:
✓ Begrüßung
✓ Vorstellung des Vortragenden
✓ Thema und Zielsetzung der Präsentation
✓ Gliederung / Ablauf
✓ Aufforderung zur Beteiligung

Frage 6: 1c, 2b, 3a, 4d

Frage 7:
- Was ist das Ziel der Präsentation?
- Vor welchem Publikum spreche ich?
- Wie viel Zeit steht mir zur Verfügung?
- Welche Technik / Räumlichkeiten stehen mir zur Verfügung?
- Funktionalität der Technik überprüfen. Kann ich mit der Technik umgehen?
- Sind die Folien übersichtlich gestaltet? Nicht zu überfrachtet? Auch von hinten gut lesbar?
- Im Vorfeld den Vortrag mehrfach einüben, laut durchsprechen, etc. Ist er zu lang? Klappen die Übergänge? Wortwahl? Reicht meine Stimme aus oder brauche ich ein Mikrofon?

Frage 8: Als Moderator ist Felix nicht Teil der Gruppe, sondern neutral. Er begrüßt alle Teilnehmer/-innen und gibt einen Ausblick über den zeitlichen Rahmen und die Struktur des Tages. Er führt durch den Tag, benennt den zu bearbeitenden Themenkomplex, sorgt für eine kreative Atmosphäre, fördert Dynamiken und spricht evtl. Spannungen in der Gruppe an.

Ergebnisse werden von ihm gesammelt, gewichtet und sichtbar dargestellt (an Pinnwänden, Flipchart,...).

Am Ende der Sitzung werden die Ergebnisse von Felix zusammengefasst, evtl. to-do-Liste erstellt und der Arbeitsprozess reflektiert. Zum Abschluss sollte er die Sitzung nachbereiten und ein Protokoll erstellen.

Frage 9: c

Frage 10: a

Frage 11: b, d

Frage 12: a, c, d

Frage 13: a, c

Frage 14: b, c

Frage 15: a, d

N. Gemischte Übungsaufgaben 1

Situation zu den Fragen 1 - 3
Sie beliefern verschiedene Einzelhändler mit Warenträgern. Eine Kundin wünscht Ihren Rat, um Waren aus ihrer „Stoff-Oase" optimal anbieten zu können.

Frage 1: Zählen Sie verschiedene Warenträgerarten auf und erläutern Sie, was ein Warenträger ist.

Frage 2: Was muss bei der Gestaltung der Verkaufsfläche beachtet werden?

Frage 3: Was versteht man unter „Verbundplatzierung" und „Zweitplatzierung"?

Frage 4: Welche Ziele werden mit einer Kooperation verfolgt? Nennen Sie 4 Ziele.

Frage 5: Was ist unter „horizontaler Kooperation" zu verstehen? Nennen Sie 4 Beispiele dafür.

Frage 6: Unterscheiden Sie die Begriffe Marktvolumen und Marktanteil.

Frage 7: Was ist unter „Ablauforganisation" zu verstehen?

Frage 8: Eine Frachtsendung besteht aus folgenden Einheiten:
- 6 Pakete mit einem Gewicht von je 16,5 kg
- 4 Pakete mit einem Gewicht von je 34,250 kg
- 6 Europaletten zu je 758 kg
- 2 Gitterboxpaletten zu je 532 kg

Wie hoch ist das Gesamtgewicht der Frachtsendung in Tonnen?

Situation zu den Fragen 9 - 11
Ein Großmarkt hat eine Gesamtfläche von 6800 m^2, wovon 75 % zur Verkaufsfläche gehören.
Es werden 250 Personen beschäftigt, wovon 70 % der Verkaufsabteilung zuzurechnen sind.
Der Umsatz pro Jahr (320 Öffnungstage) beträgt 98.800.700,00 €.

Frage 9: Wie hoch ist der Umsatz pro m^2 Verkaufsfläche im Jahr?

Frage 10: Wie hoch ist der Umsatz pro Verkaufsmitarbeiter/-in pro Monat?

Frage 11: Wie hoch ist der durchschnittliche Tagesumsatz?

Situation zu den Fragen 12 - 13
Ein Fahrradgroßhändler möchte ein Fahrrad zum Verkaufspreis von 199,00 € inkl. USt. anbieten. Er kalkuliert mit Handlungskosten von 30 % und einem Gewinn von 18 %.

Frage 12: Wie hoch ist der Nettoverkaufspreis?

Frage 13: Wie hoch darf der Bezugspreis höchstens sein?

Frage 14: Sie sollen die Entwicklung des Umsatzes der letzten 14 Tage für bestimmte Artikel feststellen. Welche Unterlagen brauchen Sie dafür? 1 richtige Antwort

a) Die entsprechenden Rechnungen der Lieferanten der letzten 14 Tage.
b) Die Dienstpläne der entsprechenden Verkaufsmitarbeiter/-innen der letzten 14 Tage.
c) Die Verkaufsdaten pro Artikel der entsprechenden Abteilung der letzten 14 Tage.
d) Die Umsatzsteuererklärung des entsprechenden Zeitraumes.

Frage 15: Welche Aussagen sind richtig zum Datenschutz bei einem Warenwirtschaftssystem?

1) Kundendaten dürfen zu Werbezwecken weitergegeben werden. 2) Über personenbezogene Daten ist Stillschweigen zu wahren. 3) Über unternehmensbezogene Daten ist Stillschweigen zu wahren. 4) Kundendaten dürfen nicht missbräuchlich verwendet werden.	a) Richtig b) Falsch

Lösungen zu Fragenblock N

Frage 1: Mit Hilfe von Warenträgern lassen sich Artikel optimal verkaufsfördernd präsentieren. Beispiele: Stell- und Hängevorrichtungen, Konfektionsständer, Displays, Dekorationsköpfe, Aktionskörbe, Vitrinen, Theken, Accessoireständer, Postkartenständer, ...

Frage 2:

- Grundsätzlich sollte der Verkaufsraum dergestalt sein, dass der Kunde / die Kundin sich lange im Geschäft aufhält und so möglichst viel Umsatz erzielt werden kann.
- Das Geschäft hat verkaufsstarke (z.B. Gangkreuzung, Kassenzone) und verkaufsschwache Zonen (z. B. Eingangsbereich).
- Rechts vom Kundenlauf wird eher zugegriffen.
- Impulseinkäufe sollen generiert werden.
- Beachtung der Bück-, Griff-, Sicht- und Reckzone.
- Übersichtlichkeit und Orientierung für den Kunden.
- Bildung von Warengruppen (z.B. Wolle, Stricknadeln, Anleitungen)
- Vertikale Platzierung ist zu bevorzugen.

Frage 3:

Verbundplatzierung	Artikel, die sich ergänzen, werden räumlich zusammen angeboten (z. B. Stickgarne, Stickanleitung).
Zweitplatzierung	Artikel werden an verschiedenen Stellen im Geschäft mehrfach präsentiert, außerhalb der eigentlichen Regalfläche.

Frage 4:

✓ Kostensenkung
✓ Absatzsteigerung / Absatzsicherung
✓ Risikominderung
✓ Interessengemeinschaft (Gemeinsam können Interessen besser durchgesetzt werden.)

Frage 5: Zusammenarbeit von Handelsunternehmen auf der gleichen Wertschöpfungsstufe.
- Beschaffungskooperation (z. B. bessere Konditionen durch gemeinsamen Einkauf)
- Lagerkooperation (z. B. Kostensenkung durch gemeinsames Lager)
- Absatzkooperation (z. B. gemeinsame Marketingaktivitäten)
- Transportkooperation (z. B. gemeinsamer Fuhrpark)
- Verwaltungskooperation (z. B. Entwicklung gemeinsamer Software)

Frage 6:

- Marktvolumen: Menge einer Ware, die von allen Unternehmen in einer bestimmten Zeit abgesetzt wurde.
- Marktanteil: Menge einer Ware, die von einem bestimmten Unternehmen in einer bestimmten Zeit abgesetzt wurde.

Frage 7: In der Ablauforganisation werden einzelne Arbeitsabläufe geregelt.
Beispiele: Wie werden Reklamationen behandelt? Wie wird Ware aus dem Lager angefordert?

Frage 8:

6 Pakete x 16,500 kg	= 99 kg
4 Pakete x 34,250 kg	= 137 kg
6 Europaletten x 758 kg	= 4548 kg
2 Gitterboxpaletten x 532 kg	= 1064 kg
	5848 kg = **5,848 t Gesamtgewicht**

Frage 9:

100 % Gesamtfläche = 6800 m^2
75 % Verkaufsfläche = X

$$X = \frac{6800\ m^2 \times 75\ \%}{100\ \%} \qquad X = 5100\ m^2$$

98.800.700,00 € Jahresumsatz : 5100 m^2 Verkaufsfläche = **19.372,69 €**

Frage 10:

100 % = 250 Mitarbeiter
70 % = X

$$X = \frac{250\ \text{Mitarbeiter} \times 70\ \%}{100\ \%} \qquad X = 175\ \text{Mitarb.}$$

98.800.700,00 Umsatz pro Jahr : 12 Monate : 175 Mitarbeiter = **47.047,95 €**

Frage 11: 98.800.700,00 € : 320 Öffnungstage = **308.752,19 €**

Frage 12:

Bezugspreis	109,02 €
+ 30 % Handlungskosten	32,70 €
Selbstkostenpreis	141,72 €
+ 18 % Gewinn	25,51 €
Nettoverkaufspreis	167,23 €
+ 19 % Umsatzsteuer	31,77 €
Bruttoverkaufspreis	199,00 €

Der Nettoverkaufspreis beträgt **167,24 €**

Frage 13: Der Bezugspreis beträgt **109,02 €**

Frage 14: c

Frage 15: 1b, 2a, 3a, 4a

O. Gemischte Übungsaufgaben 2

Frage 1: Ein Unternehmen verbraucht täglich 65 Einweghandschuhe. Die Lieferzeit für diesen Artikel beträgt 3 Tage. Berechnen Sie den Mindestbestand.

Frage 2: Womit kann eine höhere Umschlaghäufigkeit im Lager erreicht werden? 2 richtige Antworten

a) Entlassung von Mitarbeitern
b) Straffung des Angebotes (Sortimentsbereinigung)
c) Steigerung des Absatzes (Marketing)
d) Erhöhung der Mindestbestände

Frage 3: Welche Aussage zu Stammdaten ist richtig? 1 richtige Antwort

a) Stammdaten sind nur für eine relativ kurze Zeit gültig.
b) Stammdaten sind für eine relativ lange Zeit gültig.
c) Stammdaten dürfen nicht verändert werden.
d) Stammdaten dürfen nur mit Zustimmung der Geschäftsleitung geändert werden.

Frage 4: Welche Aussagen zur ABC-Analyse sind richtig? 2 richtige Antworten

a) A-Güter sind teuer und sollten daher besonders beobachtet und gepflegt werden.
b) B-Güter haben den wertmäßig höchsten Anteil am Gesamtvolumen.
c) Der Aufwand bei der Bestellung von C-Gütern sollte besonders hoch sein.
d) Der Kontrollaufwand von C-Gütern sollte in Grenzen gehalten werden.

Situation zu den Frage 5 - 6

Sie erhalten aus der Buchführung nebenstehende Zahlen aus dem letzten Jahr.

	A	B
1	**Monat**	**Umsatz**
2	Januar	103.436 €
3	Februar	99.345 €
4	März	173.965 €
5	April	201.031 €
6	Mai	277.681 €
7	Juni	305.994 €
8	Juli	327.339 €
9	August	276.658 €
10	September	202.154 €
11	Oktober	172.966 €
12	November	101.468 €
13	Dezember	102.499 €

Frage 5: Wie hoch war der Umsatz für das letzte Quartal des Vorjahres?

Frage 6: Für das kommende Jahr wird mit einem Umsatzrückgang von 6 % gerechnet. Wie wirkt sich das auf den Umsatz des gleichen Zeitraumes (IV. Quartal) aus?

Situation zu den Fragen 7 - 10
Bei einem Neukunden soll die Bonität überprüft werden.

Frage 7: Welche Aufgabe hat die Schufa?

Frage 8: Ordnen Sie die Aussagen zur SCHUFA entsprechend zu.

1. Die Schufa erhebt selbst keine Daten.	
2. Es werden Daten zu Einkünften und Vermögen erfasst.	
3. Alle erfassten Daten werden für den Zeitraum von 3 Jahren gespeichert.	a) Richtig
4. Es werden Personendaten (Namen, Geburtsdatum, Anschrift, frühere Anschriften) erfasst.	
5. Die Schufa verlässt sich auf die Richtigkeit der gemeldeten Daten.	b) Falsch
6. Alle 6 Monate kann eine kostenlose Dateneinsicht von Privatpersonen angefordert werden.	

Frage 9: Welche Merkmale beeinflussen die Bonität allgemein positiv? 2 richtige Antworten

a) Pünktliche Zahlungen von Kreditraten
b) Viele Kleinkredite
c) Überzogene Konten
d) Langjährige Bankverbindung

Frage 10: Welche Gesellschaftsform gilt als besonders kreditwürdig? 1 richtige Antwort

a) GmbH
b) OHG
c) Einzelgesellschaft
d) Ltd.

Frage 11: Ein Stahlhändler benötigt 24 Tonnen Stahlbleche. Der Bezugspreis pro Tonne Stahlblech des Stammlieferanten Fritz Stahl GmbH beträgt 875,00 €. Es soll ein weiteres Angebot eingeholt werden.

Sie erhalten folgendes Angebot der Firma Müller Stahl AG:
Preis pro Tonne: 850,00 €
Mengenrabatt bei Abnahme über 10 Tonnen: 8 %
Skonto: 2 % bei Zahlung innerhalb von 14 Tage
Für die Lieferung per LKW werden 650,00 € berechnet.

Welches Angebot ist günstiger bei Zahlung innerhalb von 14 Tagen?

Situation zu den Fragen 12 - 13
Errechnen Sie die Kosten nach folgender Preisliste. Die Preise verstehen sich ohne Umsatzsteuer.

Preise in €	1 - 50 kg	51 - 70 kg	71 - 90 kg	91 - 110 kg	111 - 150 kg
1 - 25 km	27,20	32,80	38,40	42,10	48,60
26 - 50 km	28,30	33,10	39,20	43,50	49,80
51 - 76 km	29,60	34,25	40,70	44,90	51,10
77 - 100 km	30,10	35,80	42,10	46,20	52,70
101 - 150 km	32,50	36,60	43,80	47,90	54,10
151 - 200 km	33,30	37,40	45,10	49,50	56,20
200 - 250 km	34,10	39,20	46,20	50,10	58,40

Frage 12: Es sind Kleinteile zu einem Kunden zu transportieren. Das Gewicht der Sendung beträgt 140 kg und die Entfernung 189 km. Errechnen Sie die Bruttofrachtkosten.

Frage 13: Zubehörteile mit einem Gewicht in Höhe von 90,45 kg sollen verschickt werden. Die Holzkiste für die Verpackung wiegt 3,25 kg. Wie hoch ist die Bruttofracht für einen Weg von 105 km, wenn wir einen Rabatt von 12 % auf die Frachtpreise erhalten?

Situation zu den Fragen 14 - 15
Daniel Stuhltal von der Frischeservice Großhandel Stuhltal GmbH benötigt 2 neue Fahrzeuge für den Auslieferungsservice. Dazu hat er ein Leasingangebot von der Firma Comfort Leasing GmbH eingeholt.

Frage 14: Nennen Sie Vor- und Nachteile der Finanzierung über Leasing.

Frage 15: Wie wären die Besitz- und Eigentumsverhältnisse beim Leasing in diesem Fall?

Lösungen zu Fragenblock O

Frage 1:

Mindestbestand = Täglicher Verbrauch x Lieferzeit = 65 x 3 Tage = **195 Einweghandschuhe**

Frage 2: b, c

Frage 3: b

Frage 4: a, d

Frage 5: 172.966 € + 101.468 € + 102499 € = **376.933 €**

Frage 6: 100 % = 376.933 €
6 % = X

$$X = \frac{376.933\ € \times 6\ \%}{100\ \%}$$ = **22.615,98 €**

Der Umsatz für das IV. Quartal sinkt voraussichtlich um 22.615,98 €.

Frage 7: Die SCHUFA (Schutzgemeinschaft für allgemeine Kreditsicherung) ist eine privatwirtschaftliche deutsche Wirtschaftsauskunftei. Ihr Geschäftszweck ist, ihre Vertragspartner mit Informationen zur Bonität (Kreditwürdigkeit) Dritter zu versorgen. Daten werden immer nur für einen festgelegten Zeitraum gespeichert.

Frage 8: 1a, 2b, 3b, 4a, 5a, 6b

Frage 9: a, d

Frage 10: b

Frage 11:

Listeneinkaufspreis	20400,00 €	
- 8 % Mengenrabatt	1632,00 €	
Zieleinkaufspreis	18768,00 €	
- 2 % Lieferantenskonto	375,36 €	
Bareinkaufspreis	18392,64 €	
+ Bezugskosten LKW	650,00 €	
Bezugspreis für 24 Tonnen	19042,64 €	Bezugspreis für 1 Tonne = 793,44 €

Das Angebot der Firma Müller Stahl AG ist günstiger.

Frage 12:
Fracht 140 kg / 189 km = 56,20 € + 19 % Umsatzsteuer = **66,88 € Bruttofrachtkosten**

Frage 13:
90,45 kg + 3,25 kg = 93,7 kg Gesamtgewicht
Fracht 93,7 kg / 105 km = 47,90 € - 12 % Rabatt = 42,15 €
42,15 € + 19 % Umsatzsteuer = **50,16 €**

Frage 14:

Vorteile	Nachteile
Liquidität wird geschont, da das Fahrzeug nicht gekauft werden muss. Finanzmittel können für andere Zwecke verwendet werden. Leasingraten sind steuerlich als Betriebsausgaben voll absetzbar.	Höhere Leasingkosten durch Risikoprämie und Gewinn der Leasingfirma. Leasing Vertrag in der Regel nicht kündbar. Kein Eigentumserwerb. Leasing-Fahrzeug geht nach Ende des Vertrages an die Leasing-Firma zurück.

Frage 15: Die Firma Comfort Leasing ist Eigentümer des Transporters. Frischeservice Großhandel Stuhltal GmbH ist Besitzer.